CHILD CARE AND
TEACHING PRACTICE

보육 실습의 이론 및 실제

김예림 저

동 문 사

머리말

오늘날 우리 사회는 핵가족화의 진전과 여성의 사회진출 증가 등의 이유로 출산율이 급격히 감소하고 있다. 정부가 다양한 대책을 마련하여 적극 추진 중에 있지만 이에 앞서 출산에 대한 사회 인식을 제고하고, 새로운 육아문화 형성이 선행되어야 할 것이다.

국가정책에 발맞추는 보육・교육현장에 있는 기관과 대학들도 보다 더 양질의 보육 시스템을 갖추기 위해 다각도로 지혜를 모으고 있다. 영・유아에 직결되는 보육・교육의 질은 상당 부분 교사의 질과 관련이 깊다는 것은 누구나 공감할 것이다. 따라서 가장 최전선에서 아이들을 만나고 함께 생활하고, 아이들의 성장을 지켜보는 보육교사들이야말로 영・유아들의 행복과 직결되는 영향력을 지닌 사람들이라고 말할 수 있다. 그만큼 이들의 바람직한 성장과 복지, 그리고 교사로서의 자부심이 우리 아이들에게 미치는 영향력은 크지 않을 수 없다.

한 개인이 교사로 성장하는 과정에는 다양한 요인들이 복합적으로 영향을 미친다. 질 좋은 교육과정과 교육환경 및 보육 현장의 실질적인 지원과 협력이야말로 훌륭한 인성과 전문성을 가진 보육 교사로 성장하는 데는 필수이다. 이 중에서도 보육 실습은 교사라는 의복의 첫 단추에 해당하는 매우 중요한 과정이다.

미리 실습상황을 계획하고 준비함으로써 실습현장에서 보다 바람직한 경험을 하도록 하고, 학교로 돌아와 보육 실습에서 경험한 바를 성찰을 통해 보다 심화・통합하게 된다. 이는 발전적인 자기발견과 직업의식 및 영・유아에 대한 소명의식을 강화하는 데 절대적으로 필요하다.

따라서 이 책은 보육 실습을 나가기 전인 예비 교사들에게는 보육 실습 관련 준비를 하도록 안내해주고, 실습을 충실하게 수행할 수 있도록 구체적인 사례를 들어 설명했다. 보육 실습을 마친 예비 교사들에게는 실습을 검토하면서 내실을 다지도록 하는 데 도움이 되게 꾸몄다.

부족한 부분은 차차 수정, 보완할 것을 약속드리며 출간에 응해주신 동문사 임직원 여러분께 깊은 감사를 드린다.

2016년 12월

김 예 림

차 례

CHAPTER 1

보육 실습의 기초

1. 보육 실습의 개념
2. 보육 실습의 중요성
3. 보육 실습의 목적
4. 보육 실습의 유형

1. 보육 실습의 개념

교육기관에서 보육 교사가 되기 위한 소정의 교과목들을 이수한 후 보육 현장에서 정해진 기간 동안 실습 지도교사와 지도 교수의 지도하에 보육 교사로서의 전체적인 직무수행을 경험해 보는 과정을 말한다. 보육 실습을 통해 예비 교사들은 대학에서 배운 보육이론들을 실제적으로 적용하며 보육과정을 경험하고, 교수방법, 대인관계 등 교사의 역할에 대한 새로운 지식이나 구체적인 기술 및 태도에 대해서 직접 체험하고 배우게 된다. 그러므로 보육 실습은 유능한 교사가 갖추어야 하는 실천적 지식을 형성하는 데 초석이 되며, 예비 보육 교사들이 실제 보육 현장에서 교사로서의 역할을 경험해 봄으로써 보육 교사가 갖추어야 할 지식, 기술, 태도 등을 형성 · 발달시켜 나가는 과정이다(박낭자 외, 2007).

따라서 예비 보육 교사로서 현장실습인 보육 실습은 보육 현장에 참여하여 전반적인 보육과정을 직접 경험함으로써 보육 교사로서의 역할을 사전에 연습하는 준비과정이자 보육 교사직에 대한 인식을 새롭게 하는 기회가 되므로 보육 교사가 되기 위한 필수적이고 핵심적인 과정이다.

2. 보육 실습의 중요성

맞벌이 부부 3만 명 시대에 영 · 유아들을 믿고 맡길 수 있는 보육 시설뿐만 아니라 진정한 소명의식과 사명감, 그리고 전문성까지 갖춘 보육 교사가 턱없이 부족한 시대이다. 최근 보육기관에서 종종 발생하고 있는 아동 학대 사건들이 이를 대변하고 있다.

일부 자질이 부족한 보육 교사들로 인해 사회 전체가 논란의 화두로 오르내리고 있다. 이럴 때일수록 대학과 보육기관은 보육교사들로 하여금 인성을 바탕으로 한 전문성과 내실을 높여 능력을 함양하도록 하는 것이 무엇보다 중요하다고 하겠다.

이에 보육 실습의 중요성이 부각된다는 것은 당연한 일일 것이다. 보육실습 과목은 자격취득으로 가는 핵심과정에 해당한다고 할 만큼 중요한 영역이다. 더구나 영·유아 보육만큼 현장경험이 중요한 직무영역도 없다고 볼 만큼 현장에서 배우는 보육 실습 과정이 이론적으로 습득한 보육 지식을 몸으로 다시금 익히고 배워 현장감각과 실무능력을 키울 수 있는 가장 핵심적인 과목이라 할 수 있겠다. 아울러 보육 교직원들과 역동적인 인간관계를 체험함으로써 인간관계의 중요성을 인식하게 되고, 보육기관에서의 직접적인 교수경험을 통하여 자신의 소명의식과 사명감에 대한 자기성찰의 기회를 가질 수 있을 것이다.

3. 보육 실습의 목적

보육 실습의 목적은 대학에서 배운 보육이론을 통합하여 보육 현장에 직접 적용해 보는 기회를 가짐으로써 보육에 대한 깊이 있는 이해와, 보육기술을 연마하고, 보육 교사로서 갖추어야 정신의 확립, 교직에 대한 자기이해와 자기평가뿐 아니라 자신의 교육관을 확립하고, 올바른 태도와 역할을 성공적으로 수행할 수 있는 기저를 만드는데 있다. 아울러 보육 교사로서의 자신의 적성과 능력을 검증하며 현장을 이해하도록 하는데 있다.

보육 실습의 궁극적인 목적(박낭자 외, 2007)을 살펴보면 다음과 같다.

① 보육 교사에 대한 준비교육 내지 최종적인 훈련과정이다.
② 영·유아들의 건전한 육성에 대한 소명의식을 갖춘 훌륭하고, 이상적인 보육 교사를 육성하는 데 있다.
③ 영·유아들의 보육 현장을 이해하는 과정이다.
④ 보육이론을 영·유아들의 보육 현장에 실제로 적용하는 과정이다.
⑤ 이미 습득한 보육이론을 실제 보육 현장에서 경험하며, 보육 교사로서의 전문성을 준비하는 과정이다.
⑥ 보육의 전반적인 부분과 문제점 파악 등을 통해 보육에 대한 새로운 시각을 형성하는 과정이다.

4. 보육 실습의 유형

보육 실습은 대학에서 습득한 보육 관련 학문적 이론을 보육 현장에서 직접 적용하며 수련하는 과정을 통해 보육 교사가 갖추어야 할 지식, 기술, 태도 등을 형성하며, 발달시켜나가는 과정이다. 영유아보육법 시행규칙 개정(2016. 9. 20. 공포 보건복지부령 제439호)에 따라 이수학점을 3학점 이상으로 하되, 현장실습과 함께 보육 실습의 내용과 방법 등을 이론수업을 통해 학습하도록 하고, 현장실습은 1일 8시간씩 4주 연속 160시간에서 6주 이상 240시간으로 확대하였다.

다만, 현장실습은 교육 편의를 위하여 2회로 나누어 실시할 수도 있으며, 이 경우 실습기간을 나누는 방식은 실습 기관과 협의하여 진행이 가능하다. 이때 보육 실습의 유형은 사전보육 실습, 정규보육 실습, 추후보육 실습으로 이루어지게 된다.

1) 사전보육 실습

보육 실습은 직접적으로 보육현장에서 실습을 진행해야 되기 때문에 부담을 가지는 학생들이 많다. 그러므로 본격적인 실습에 들어가기 전에 미리미리 꼼꼼한 준비를 하는 단계가 필요하다. 이 준비단계는 실습생들의 부담감을 줄일 수 있을 뿐 아니라 예비 보육 교사가 보육 현장을 이해하고, 실습 마무리도 잘 할 수 있도록 돕는 사전 보육실습에 해당한다. 사전 보육실습은 정규 실습 이전에 이루어지는 사전 준비 과정이다.

사전 보육 실습 시 고려할 사항

① 대학과 보육 시설, 대학지도 교수와 기관의 지도교사 및 시설장, 보육 실습생 간에 긴밀한 협의 및 협조 체제를 이루어야 한다.
② 실습 안내, 지침, 사전 보육 실습 지도 및 준비는 간략하면서도 명확해야 한다.
③ 사전 보육 실습 시 실습에 관한 연중계획을 세우고 그것을 바탕으로 한 사전 보육 실습 활동을 계획한다.
④ 사전 보육 실습 활동이 보육 실습의 일관된 체제하에 연속성, 계열성, 구체성을 갖고 운영될 수 있도록 계획한다.

2) 정규 보육실습

보육 교사자격 취득을 위한 필수 이수과목 중 하나로, 6주에 걸쳐 실습지도 교수와 실습 지도교사의 지도 아래 어린이집 또는 종일제 유치원에서 이루어진다. 이 기간 동안 실습생들은 학교에서 배운 보육이론과 지식 등 보육 교사로서의 직무수행을 통합적으로 경험하며 적용해본다.

정규 실습의 주요내용은 보육 활동에 대한 관찰, 놀이 및 활동지도, 일과 지도, 생활 및 행동지도 그리고 행정관리를 포함하며 이를 관찰 실습, 참여실습, 실제지도실습으로 분류한다. 먼저 관찰 실습은 실습 초반부에 실습기관의 제반사항을 객관적으로 관찰하는 것이며, 참여실습은 실습생이 담임교사의 임무를 곁에서 도우며 담임교사가 여러 형태의 보육 활동을 계획하고 진행하는 것에 참여하는 것이다. 실제 지도실습은 지도교사가 진행하는 전체 보육 활동 중에서 실습생이 부분적으로 수업 및 활동을 준비하여 실행해보는 부분 수업과, 지도교사가 진행하던 하루의 보육 활동 전체를 실습생이 미리 준비하여 진행 해보는 전일 수업이다.

(1) 관찰 실습

보육 실습생들이 수업을 직접 수행하는 것이 아니고 실습 기관의 인적·물적 환경 실태 및 구조, 실습 기관에서 추구하는 보육이론 및 실제를 파악하는 것과 더불어 영·유아에 대한 직접적인 관찰 및 이해를 하는 과정이다. 관찰은 보육 실습기간 내내 이루어지지만 무엇보다 실습 초기에 영·유아의 행동 및 놀이에 대한 관찰, 일과운영에 대한 관찰 시간을 갖고 관찰내용에 대해서 실습 지도교사의 지도를 받아야 한다. 지도교사와 충분한 협의를 거쳐 앞으로 진행될 실습에 대한 계획을 세우고, 이를 바탕으로 실습을 수행하는 것이 무엇보다 중요하다.

관찰 실습의 구체적 내용

- 영 · 유아의 연령별 보육실 환경 구성의 특성 및 하루 일과의 진행 모습을 객관적으로 관찰한다.
- 영 · 유아의 연령별 발달 및 놀이의 특성을 탐색한다.
- 담임교사와의 상호작용 방식과 신뢰관계를 구축하는 방식을 배운다.
- 보육실, 바깥 놀이터 등의 환경정비 및 행정업무 등을 포함한 보육 교사의 업무내용과 보육 활동의 흐름을 파악한다.
- 보조 교사로 참여하면서 영 · 유아와의 친밀한 관계를 형성하고 영 · 유아에 대한 이해와 생활지도 등 보육 교사로서의 업무를 파악한다.
- 보육 활동에 대해 지도교사의 지도 아래 실습생이 직접 보육 활동을 계획 및 실행한다.
- 하루 일과 중 특정 시간대나 한 두 영역의 보육 활동 진행으로 시작해서 반일 또는 귀가까지의 하루 일과를 실습생이 직접 계획하고 진행한다.

(2) 참여 실습

담임교사를 보조하는 것으로 보육 활동에 참여한다. 실제적인 보육 활동을 경험해가면서 교사의 역할, 영 · 유아에 대한 깊이 있는 이해 등 세밀한 지도의 내용과 방법을 배운다. 영 · 유아와 함께하는 보육 활동에서 영 · 유아들의 관심사나 또래관계, 사회정서 등을 알게 되며, 그들과의 상호작용을 통해 보육 활동의 전반적인 흐름도 배운다.

참여 실습 시 주안점

① 생활지도
② 보육 활동 계획 · 수행 · 평가
③ 학급운영
④ 보육 시설과 부모 및 지역사회
⑤ 특별활동 운영
⑥ 교사 전문성 개발

(3) 실제 지도실습(데모 수업)

실제 지도실습은 담임교사의 입장이 되어 가정통신문 작성이나 행정업무를 포함한 일일 보육 활동 전체를 직접 계획하고 실행한다. 보육 현장의 전반적인 보육 활동을 실습생이 직접 계획, 실시, 평가해 보는 과정을 통해 실습생은 교사로서의 주체적 책임감을 느끼게 될 뿐 아니라 직접적인 보육 활동 수행 경험을 쌓게 되므로 보육 실습의 핵심적이라 할 수 있다.

보육 활동 계획서 작성 및 수행 시 주의점

- 구체적인 계획안 : 보육 활동 계획서 작성 시 '보육 활동 계획안'이라 기재하고 날짜와 시간, 장소, 담당자를 밝힌다. 그리고 무엇보다 담임교사의 일일계획, 주간계획안과의 연결을 고려하며 작성한다.
- 요약 계획안 : 본래 보육 활동만을 의미한다.
- 손 유희, 마술 등의 간단한 놀이를 다양하게 준비한다.
- 자연스럽게 진행해야 하며, 영 · 유아들에게 손님이 보고 있음을 환기시키되 이를 너무 의식하여 보육 활동 내내 어색하지 않도록 한다.

정규실습의 유의점

- 실습 계획은 관찰 실습을 바탕으로 일관성 있게 수립한다.
- 실습의 목적 및 목표를 명확하게 인식하고 그에 적합하게 행동한다.
- 지도교사와 협의하고 실제 지도 활동을 계획하며 그에 필요한 시설 및 자료 등 제반 조건들을 충분히 검토, 준비한다.
- 영·유아 발달에 맞춘 교수법의 원리를 적용하며, 예비 보육 교사로서 교직에 관한 여러 능력을 키운다.
- 실습생은 일관된 체제에 따라 학급 경영의 제반 활동을 내면화 또는 행동화 한다.
- 실습으로 인해 교실 내 영·유아들의 활동에 피해가 가지 않도록 본래 보육 활동의 분위기에서 벗어나지 않도록 한다.

(출처 : 문혁준 외, 2015)

3) 추후 보육 실습

정규 보육 실습 이후에 진행되는 실습으로 정규 보육 실습 과정을 보완 및 심화시키는 과정이다. 이때 갖게 되는 현장 경험은 실습 과정에서 나타난 문제점을 보완하고, 보다 능동적으로 학급 운영에 참여하며, 나름대로의 판단 능력과 비판 능력을 통해 보육 철학 및 보육에 대한 정체성을 키워나가는 과정이다. 이에 따라 추후 보육 실습은 예비 보육 교사들에게 필수적인 과정이라 할 수 있다.

CHAPTER 2

보육 실습의 계획 및 준비

1. 교육기관에서의 계획 및 준비
2. 보육 실습생의 실습 계획 및 준비
3. 보육 실습 기관에서의 계획 및 준비

보육 실습이란 보육 현장의 일원이 되어 보육 활동에 대한 여러 과정의 실습을 통해 보육 교사라는 직업에 다가가는 것이다. 이 과정 속에서 영·유아에 대한 지식이나 이해를 보다 깊게 할 수 있다. 따라서 본 장에서는 교육기관, 실습생, 실습 기관 등 세 가지 범주로 나누어 보육 실습 계획 및 준비 시 필요한 절차와 내용 등을 정리한다.

1. 교육기관에서의 계획 및 준비

1) 보육 실습 기관 선정

실습 기관은 실습을 준비하는 학생 자신이 희망하는 기관의 특성을 반영하여 고려해야 한다. 먼저 여러 지역의 보육기관에 대한 현황파악이다. 중앙보육정보센터나 해당 지자체의 보육 담당 관계자를 통해 인가된 보육기관의 유형과 규모, 인증제 평가 여부, 학급 수와 원아 수, 그리고 위치 및 연락처 등을 자세하게 알 수 있다. 그 밖에 실습을 해온 선배들이나 실습 평가결과서를 정보로 활용할 수 있다.

2) 보육 실습 시기 및 방법

실습 시기는 대학의 교육과정과 보육 현장의 상황 등을 고려하여 결정해야 한다. 기본적으로 영·유아발달을 비롯한 실습과 관련된 교과목들을 이수하고, 영·유아 관찰 및 사전 보육 실습 등을 한 이후에 정규보육 실습을 해야만 예비 보육 교사로서의 가치 있는 경험과 학습이 이루어질 수 있을 것이다.

3) 서류작성 및 발송

실습 시기가 정해지면 실습하기 최소 1~2개월 전에 실습 기관에 사전 전화, 방문, 공문 발송 등의 절차를 통해 공식적인 협력을 요청한다. 대부분의 경우 이때의 전화가 실습 기관과의 첫 인사가 되며, 실습의 시작이라 생각하고 겸허한 자세로 임하는 것이 중요하다.

(1) 사전 전화하기

전화는 얼굴을 보지 않고 대화하기 때문에 정중하게 말하고, 특히 교사들이 바쁜 등원 시간, 하원 시간, 점심시간을 피한다.

전화 매너 체크사항

- ☑ 전화는 조용한 장소에서 걸자.
- ☑ 용건을 미리 정리해두자.
- ☑ 메모 준비를 하자.
- ☑ 교사들이 바쁜 시간을 피해 전화를 하자.
- ☑ 통화 시 먼저 자신의 소속과 이름을 말하자.
- ☑ 정중하고 차분하게 말하자.
- ☑ 상대가 전화를 끊을 때까지 기다리는 예의를 지키자.

(2) 실습 기관 방문

실습생은 본인의 건강관리와 영・유아에게 위화감을 주지 않는 청결하고 단정한 옷차림을 한다. 모발도 염색 등으로 요란하지 않게 한다. 제출서류나 가지고 갈 물건 등도 잊어버리지 않게 준비한다. 실습 원에 따라서는 실습 전에 과제가 나오는 경우도 있다. 무엇보다 실습 첫날의 지각은 엄금이다. 교통 혼잡 등을 감안한 시간 안배로 출근시간보다 10여분 전에 원에 도착하도록 한다.

사전 준비물 및 복장

- 필기도구 및 메모장이나 노트
- 손목시계 및 휴대폰
- 손수건이나 포켓티슈
- 여벌의 옷, 앞치마, 명찰
- 컵, 수저, 양치 도구
- 실습용으로 제작한 교재 교구 등
- 도장
- 가볍고 자연스러운 화장
- 정장 또는 단정한 옷
- 손톱은 정갈하게 깎고, 매니큐어는 금물

준비해야 할 서류

- 사전 협조공문
- 실습 협조문 및 협약서
- 실습생 이력서 및 자기소개서
- 실습 평가서
- 실습확인서
- 실습지도 계획서
- 실습생 수
- 실습지도 계획서

4) 보육 실습생 사전지도

교육기관의 실습생 사전지도는 보육 실습이 시작되기 약 1~2주일 전에 이루어지는 것이 효과적이다. 실습 기관에 보내는 실습관련 서류들은 이때 실습생에게 배부한다. 사전 지도의 내용으로는 첫째, 실습 기간 중 실습생이 지녀야 할 태도, 둘째, 실습생의 역할 및 과제, 셋째, 현장의 구체적인 상황, 넷째, 보육 실습의 목표, 다섯째, 실습 일지의 작성 방법 등이 포함된다.

(1) 실습 기간 중 실습생이 지녀야 할 태도

① 실습 기관의 교직원에게 배우는 자로서의 태도와 예의를 갖춘다.
② 원장 및 지도교사와 대화할 경우 메모할 것을 준비하고, 영・유아 행동을 관찰, 활동을 기록하기 위해 주머니에 항상 휴대한다.
③ 매일 실습 일지를 정리 기록한 후 지도교사의 지도와 조언을 받는다.

④ 실습 학급의 반 배정은 각기 장단점이 있으므로 이를 긍정적으로 받아들인다.

⑤ 배우려는 자세로 모든 일에 열의를 가지고 적극적으로 임한다.

(2) 실습생의 역할 및 과제

① 어떤 이유에서든지 실습생은 영・유아에게 체벌을 가해서는 안 되며, 예기치 못한 상황발생 시 지도교사와 상의한다.

② 보육 실습 일지는 오차 없이 깨끗하게 정자로 매일 기록하고 지도교사의 지도 조언을 받는다.

③ 수업 준비에 최선을 다하고, 일관성 있게 영・유아를 지도한다.

④ 영・유아의 눈높이에 맞추어 상호작용하며, 편애하지 않는다.

⑤ 수업 준비를 위해 어린이집의 생활 주제 및 활동을 점검하고, 실습 기간 동안 진행될 주제에 대해 알아둔다.

⑥ 실습생으로서 지켜야 할 제반 근무 요령은 해당 어린이집의 실습 지침과 규정을 따르는 것이 원칙이다.

⑦ 지도교사의 반 운영에 적극 협조하고, 일을 분담하여 보육 능력 향상을 도모한다.

⑧ 모든 영・유아에게 관심을 가지며, 이름을 외우고 특성을 파악한다.

(3) 현장의 구체적인 상황

① 원의 연혁

② 원의 방침 및 특징

③ 학급명, 학급 구성, 인원

④ 하루의 흐름(등원~하원)

⑤ 실습 기간 중의 보육 활동 계획이나 원의 행사 및 특별한 준비물

⑥ 지역사회의 특성

⑦ 실습생의 출근 시간이나 복장

⑧ 급식 상황(급식 비용 등)

⑨ 실습에 동반하는 경비나 서류

⑩ 참여 실습, 실제 지도 실습의 일정

⑪ 배치된 학급, 실습 방법, 배치 받은 학급의 아동 상황

⑫ 준비물

⑬ 어느 정도까지 아동들과 상호작용하면 좋은지 그 수준

⑭ 그 외 실습 중의 제 주의사항

(4) 보육 실습의 목표

① 보육 교사로서 보육 철학과 보육 목표, 내용에 대한 지식과 경험을 발전시킨다.

② 보육 교사의 역할과 책임, 태도에 대해 직접 경험의 기회를 갖는다.

③ 영·유아 발달 및 행동에 대한 심화된 이해 및 생활지도를 경험한다.

④ 보육 교사의 전문적이고 실천적인 지식과 다양한 교수법, 보육 교사와 영·유아 간의 질적으로 우수한 상호작용 방법을 배운다.

⑤ 보육실의 바람직한 환경 구성 및 교재 교구의 활용법을 배운다.

⑥ 학생 스스로 보육 교사로서의 자신의 자질을 파악하고, 단점을 극복하여 전문성 향상을 위해 노력할 수 있는 기회를 제공한다.

(5) 실습 일지의 작성 방법

자신이 실습하고 있는 반, 날짜, 수업일수, 주제, 소주제, 목표, 일과 시간표를 적는다. 주제와 소주제는 어린이집 월간 계획안과 주간 계획안을 참고하면 된다. 일과 시간표는 어린이집 하루 일과 운영을 참고하여 시간

대별로 작성하며, 시간 순서대로 활동명을 적어주고 활동 내용을 적어준다.

ex) 화장실 가기 및 오전 간식 활동 내용에는

- 스스로 용변을 볼 수 있다.
- 깨끗이 손을 씻는다.
- 감사한 마음으로 간식을 먹는다.
- 간식을 다 먹은 유아는 스스로 그릇을 정리한다.

이런 식으로 적고, 자료에는 오전 간식 식단을 적는다.

오전 실내 자유놀이의 각 영역의 활동명과 목표를 작성한다.

그리고 평가에는 예비 교사로서 영아 및 유아를 어떻게 지도하였는지, 영아 및 유아 개인적 특성, 발달적 차이에 따라 어떤 행동을 보였는지 등을 구체적으로 작성한다.

	신체 : T/C T : C : T : C :		

그리고 T/C를 작성하는 것도 많은 도움이 된다. T/C는 교사와 아이들의 상호작용을 대화로 작성하는 것이다.

ex) T : ○○야, 비행기가 어떻게 나는지 몸으로 표현해 볼 수 있겠니?

C : 비행기는 이렇게 날아요~

T : 그렇구나, 두 날개를 쭉 펴고 나는구나, 그러면 비행기는 어디를 나는지 알아?

C : 비행기는 하늘을 날아요~

이런 식으로 영 · 유아들과 나눈 대화를 기록하는 것이다.

마지막에는 영 · 유아들과 하루를 보낸 느낌, 그날에 있었던 궁금한 점, 반성 및 깨달은 점 등을 포함한 총평을 작성한다.

총평	

그리고 지도교사 평가란을 만들어 지도교사가 조언 및 노력 해야 할 점들을 작성할 수 있도록 한다.

지도교사 평가를 작성하는 원도 있고, 대화를 하면서 이야기를 해주는 경우도 있어 실습하는 어린이집 원칙에 따르면 된다.

지도교사 평가	

5) 보육 실습생의 실습 기관 사전 방문

실습생은 실습 시작일 이전에 실습 배정을 받은 어린이집에 사전 방문을 하여 전반적인 시설과 어린이집의 특징을 파악하고, 원장과 지도교사 등을 만나 미리 준비할 사항들을 점검한다. 사전 방문을 통해 알아야 할 사항들은 다음과 같다(문혁준 외, 2015).

- 실습 어린이집의 위치와 교통편 확인(위치, 자기 집과의 거리, 교통편, 출근할 시간대의 소요 시간)
- 원장, 지도교사의 성명과 대체적인 개인 사항
- 실습 어린이집의 연혁, 보육 목표, 보육 방법, 수업 시간, 시설 규모, 학습 수, 원아 수 및 교직원 수
- 담당학급 구성(연령, 인원 수 남녀별 영・유아 수, 영・유아의 이름과 얼굴 외우기, 간단한 특기 사항 메모)
- 실습 어린이집의 주변 환경
- 보육 계획안에 따른 보육 활동의 범위
- 실습할 학급에서 실습 전에 이루어진 생활 주제 및 활동 점검

6) 보육 실습 지도 교수의 실습 기관 방문

실습생의 보육 실습 중 지도 교수의 방문은 여러 가지 의미에서 중요하다. 즉, 지도교사에게 실습생의 배경 및 재능, 보육 실습의 준비 상태 등을 알려주어, 지도교사를 도울 수 있게 한다. 지도교사는 기관의 상황, 실습생의 현장 실습 상황 등을 지도 교수에게 알려줌으로써 서로 간에 협력적인 실습 지도가 이루어질 수 있다. 또한 이러한 과정은 실습이 종료된 후 평가 및 추후 지도에 중요한 정보로 활용될 수 있다.

보육 실습 지도 교수의 실습 기관 방문 시 준비할 사항

- 방문 실습 기관 선정 원칙을 세운다.
  - 실습생 인원이 많은 곳을 우선 선정한다.
  - 전년도 방문한 어린이집은 제외한다.
- 방문 일정 수립
- 사전 방문 연락
  - 방문 전에 각 실습 기관에 전화연락을 하여 사전 약속을 한다.
- 방문 시 할 일
  - 실습생의 실습 활동을 관찰한다.
  - 지도교사로부터 실습생 실습 현황과 지도상의 문제를 경청한다.
  - 실습 기관의 원장이나 지도교사와 이야기를 나눈 뒤 실습을 위해 토의할 내용을 기록한다.
  - 실습 기관 선정과 절차를 설명한다.
  - 지도 교수의 실습 기관 방문 과정을 설명한다.
  - 방문 실습 기관의 선정 원칙을 간단하게 설명하여, 방문하지 않은 실습 기관에 오해가 없도록 한다.
  - 내년도 현장 실습에 대한 협조를 요청한다.
  - 실습 기관의 협조 정도와 보육 환경의 질적 요건을 고려하여 상·중·하로 평가한다.
- 실습 기관 방문 결과 토의 모임을 가진다.
  - 실습 기관 방문이 끝난 후, 실습 방문 결과에 대한 토의 모임을 가진다.

2. 보육 실습생의 실습 계획 및 준비

1) 보육 실습 관계자의 역할 이해

(1) 영·유아 이해

보육 실습에서 무엇보다 중요한 것은 영·유아를 제대로 이해하는 것이다. 영·유아들의 신체적·심리적·사회적 발달과 요구를 제대로 파악해야 적절한 지도를 할 수 있다. 뿐만 아니라 관련과목인 영·유아 발달 과목 이론을 다시금 검토하고 숙지하는 것은 영·유아 이해에 큰 도움이 될 수 있다.

영·유아들은 본능적으로 새로운 것에 대한 호기심이 많다. 따라서 실습생에 대해 갖는 호기심도 예외는 아니라고 본다. 늘 함께하던 담임교사와 다르게 느껴지는 실습생의 신선함과 상냥함, 그리고 적극적이며 친절한 자세, 게다가 자신들의 요구를 잘 들어주는 다정함은 영·유아들의 인기를 끌 수 있는 요소이다.

이때 실습생은 교사의 신분으로 역할을 수행한다는 것을 잊지 말고, 담임교사의 영역을 침해하지 않도록 주의한다. 그리고 무엇보다 영·유아들을 편애하지 않고, 전체 영·유아들을 고루 관찰한다.

(2) 지도교사 이해

보육 실습 지도교사는 지도뿐 아니라 평가의 역할까지 담당한다. 지도에 있어서 보육 실습을 위한 사전 지도 내용을 계획·설정하여 실습 첫날에 보육 실습생에게 안내하고, 실습 기간 동안 어떤 반을 맡으며 실습 내용의 진행 상황, 근무 자세, 준비물은 무엇인지 등과 같이 실습과 관련하여 직접적이고 구체적인 내용들이 포함되어 있는 지침서나 안내서를 제공하고 설명한다. 또한 실습 지도교사는 월간 계획안을 실습생에게 보여주고, 그에 따른 주간 계획안에서 매일 제공되는 활동에 대한 소개와 그달에 예정된 중요한 행사에 대한 안내를 통해 실습생들이 미리 마음의 준비를 하게 한다.

보육 실습생은 영·유아 앞에서는 교사이지만 실습 지도교사 앞에서는 배우는 학생임을 잊지 않는다. 지도교사는 대학의 지도 교수를 대신하는 보육 현장의 교육자로서 보육 실습생이 자기 역할을 잘 수행할 수 있도록 돕는 역할을 하므로 실습생은 지도교사의 현장 경험을 통해 얻은 지식과 실제를 진지하게 배운다.

(3) 학부모 이해

학부모는 유치원이나 어린이집에서 보면 수요자라 할 수 있다. 그러므로 보육 실습생들은 학부모에게 친절하고 정중히 대하되 가능하면 직접적인 접촉을 하지 않도록 한다. 부득이하게 학부모가 질문을 해올 때도 가능한 한 지도교사에게 요청하도록 한다. 다급한 상황이 발생하였을 때는 일을 처리한 후 결과를 반드시 지도교사에게 보고한다.

(4) 지도 교수 이해

지도 교수는 실습 과목을 직접 담당하는 교수와 실습 현장을 방문하는 교수로 나뉜다. 실습 과목을 담당하는 교수는 실습 계획 수립 및 지침을 결정하고, 실습 기간 중 실습 기관과의 연계협조와 실습 종결 후 실습 평가를 진행한다. 실습 현장 방문 교수는 학생들의 현장 실습 기간 중 실습 기관을 방문하여 원장 및 지도교사를 면담을 하고 실습생을 격려하며, 실습 지도교사와의 원만한 관계를 갖도록 돕는다. 또한 현장의 상황을 점검하여 이론과 실제 간의 차이를 조정한다.

(5) 지역사회 이해

지역사회는 보육 기관에 직·간접적인 영향을 미치는 중요한 요소이다. 지역의 특성에 따라 사회 문화적 기반이 다르지만 보육의 목적에서부터 프로그램에 이르기까지 많은 연관성을 가진다. 따라서 실습생은 실습 기관이 속한 지역사회에 대해 다음과 같은 내용을 파악한다(이소희 외, 2006).

① 실습 기관인 어린이집이 지역사회 내에서의 지위와 그 어린이집에 대한 지역사회의 태도
② 지역 주민의 생계 유지 형태
③ 지역사회의 행정 조직 형태
④ 다른 지역과의 두드러진 차이점
⑤ 영·유아를 위한 지역 문화 시설
⑥ 지역사회 형성에 대한 역사적 배경
⑦ 지역사회 내의 교육 자원(유적지, 관공서, 자원 등)
⑧ 지역 주민의 보육에 대한 인식
⑨ 실습 기관 원아 부모들의 사회경제적인 지위 및 보육에 대한 관심

2) 보육 실습 지침

(1) 기본적인 근무 지침

보육 실습생은 보육 교사와 같은 마음가짐으로 근무하며, 보육 교사로서의 품위를 지킨다. 무엇보다 중요한 것은 실습 어린이집의 보육 방침에 따르고 이에 적극적으로 협력한다. 출퇴근 시간을 준수하되 지도교사보다 먼저 출근하고 나중에 퇴근한다는 마음자세를 가진다. 결근은 물론 조퇴와 외출, 지각을 하지 않고, 불가피한 경우에는 사전에 사유서를 제출하고 허

락을 받는다. 그리고 실습생 상호간에는 존중하며 좋은 실습 결과를 위해 협력하는 자세로 임하며, 배우는 자로서의 예의를 갖추고, 실습 어린이집의 비밀, 지도교사 등 교직원의 사적인 내용과 영·유아와 그들 가정에 대한 사항들을 외부에 이야기하지 않는다. 실습 어린이집의 서류, 기자재, 재료 등을 사용할 때도 담당교사의 허락을 받은 후 사용하며, 사용 후에는 반드시 제자리에 정리한다.

(2) 근무 태도

실습생은 실습 어린이집의 구성원들을 명랑하고, 즐겁게 대하되 교사로서 요구되는 바람직한 인간성을 갖도록 노력해야 하며, 지적·정서적인 안정을 유지하며, 타인의 충고와 제안에 대해서도 수용적이며, 존중하는 태도를 갖는다. 그리고 실습 중의 시행착오는 긍정적으로 생각하되 무엇보다 책임감과 성실함을 지니고, 긍정적이며, 능동적인 자세로 임한다.

설령, 주어진 일을 잘 해내지 못해도 위축되지 않도록 자신감을 유지하며, 그때그때 지도교사의 조언을 따르고, 다음날의 실습에 도움이 되도록 마음을 가다듬는다.

실습과제를 명확하게 하여 의욕적으로 행동하며, 목적 의식을 가지고 적극적으로 행동한다. 모르는 것이 있을 때에는 머뭇거리지 말고, 그때그때 지도교사에게 진지하고 예의바른 자세로 질문하여 해결한다.

실습생은 자신의 대학을 대표한다는 생각을 잊지 않으며, 실습생으로서의 입장 및 역할을 상기하며, 신중히 행동한다. 실습 기간 중에는 평소와는 다르게 심신의 피로가 누적될 수 있고, 스트레스로 인한 감정의 기복이 심해질 수 있으므로 건강관리에도 힘쓴다.

기관의 전체 회의 시, 또는 원장이나 지도교사의 개별적인 지도, 지시 사항이 있을 경우에는 자세하게 메모하여 끝난 후에 반복하여 질문하지 않도록 주의한다. 매일 작성하는 실습 일지는 정확하고 구체적으로 기록하되 여러 날 몰아서 한꺼번에 작성하지 않는다. 실습 일지는 지도교사에게 점검 받는다. 글씨는 정성들여 써야 하며, 오자나 탈자가 없도록 주의한다.

근무 시 동료 실습생과의 잡담이나 핸드폰 사용 등 사적인 행동은 삼가는 것을 원칙으로 한다. 대화를 할 때는 자연스럽고 적절한 어휘를 사용하되 실습생과 실습생 간, 실습생과 영 · 유아 간, 실습생과 지도교사 간, 실습생과 그밖의 보육 교직원들 간에는 표준말과 존댓말을 사용하며 예의를 갖춘다.

필요한 인사는 생략하지 말고 "안녕하세요, 실례하겠습니다, 죄송합니다, 고맙습니다" 등 친절하고 상냥한 태도로 한다. 이것은 무엇보다도 원만한 인간관계 유지에 있어서 기본적인 요소이기 때문이다. 실습생과 지도교사 및 원장, 실습생과 영 · 유아와의 관계도 중요하지만 특히 실습생 상호간의 협력적이며, 보완적인 상호관계가 실습의 성패를 좌우할 수도 있기 때문이다. 타 학교 실습생과 같은 학급에서 지내게 될 때는 더욱 유의하고, 경쟁자이기보다는 협력자로서의 관계를 유지한다.

실습 중의 복장은 실습 어린이집의 규칙 및 분위기와 조화를 이루며, 활동하기 편한 것이되 청결하면서도 단정해야 한다. 화장, 헤어스타일, 손톱 등도 단정히 한다. 무엇보다도 액세서리는 자제하는 것이 영 · 유아들과의 활동에 도움을 준다.

보육 활동을 위한 준비를 성실히 한다. 다양한 지도 방법과 학습 또는 놀이와 관계된 개별 영 · 유아의 요구를 파악한다. 이때 준비 계획, 지도 내용, 시청각 자료에 대해 자세히 알고 있어야 한다.

(3) 영 · 유아들과의 관계

실습생은 실습 기간 내내 지도교사와 영 · 유아간의 상호작용 방법과 지도교사의 보육 활동 방법 등을 세밀하게 관찰한다. 가령 영 · 유아들의 등원 시 지도교사가 학부모와 영 · 유아를 어떻게 맞이하는지, 보육 활동 시 영 · 유아의 반응을 어떻게 이끄는지, 일상적인 생활지도는 어떻게 하는 지 등을 파악하여 참여 수업에 효과적으로 활용할 수 있도록 한다. 무엇보다 보육 교사로서의 역할을 지도교사를 통하여 전체적으로 접해 볼 수 있는 기회로 삼아 이후 정교사로 근무하게 되었을 때 많은 도움이 되도록 하는 것이 실습의 궁극적인 목표라는 것을 잊지 않는다. 다음에 제시하는 다섯 가지 내용을 숙지하여 원만하게 실습을 마무리하는 데 도움이 되도록 한다.

첫째, 영 · 유아를 지도할 때는 언제나 사랑으로 대하며, 본보기가 되는 생활 태도를 지닌다. 이때 주의할 점은 특정한 영 · 유아에 대한 편견이나 가정방문 등은 절대로 삼간다. 영 · 유아와의 관계가 어디까지나 교육적이어야 하기 때문이다. 그리고 어떤 이유에서든 영 · 유아에게 체벌을 가해서는 안 되며, 어떤 벌도 지도교사와 상의하도록 한다.

둘째, 영 · 유아와 이야기 할 때는 다리를 구부려 영 · 유아의 키 높이에 맞춘 자세로 따뜻하고, 부드러우면서도 진지한 시선과 표정을 지어야 한다. 이는 효과적인 의사소통을 가져올 뿐 아니라 영 · 유아와 긍정적인 관계 형성을 하는 데 도움이 된다. 그리고 영 · 유아가 느끼는 감정이나 상황을 있는 그대로 받아들이되 자신의 생각이나 감정을 표현할 때 이를 잘 파악하여 그 감정에 대해 언어로 표현하며, 반응해 준다.

이때 주의할 점은 영 · 유아들이 지도교사보다 실습생을 더 편하게 생각하는 경향이 있으므로 불필요하거나 억지스러운 요구를 할 때는 무조건 허용하지 말고, 정확히 판단하여 영·유아가 알아들을 수 있게 의사 표현을 분명히 한다.

셋째, 개별 영·유아에 대해서도 잘 알아야 한다. 무엇보다도 개개인의 발달 수준을 빠른 시간 내에 숙지하고, 이름, 식습관, 체질, 장애 정도, 문제 행동, 가정환경 등에 맞는 적절한 생활지도를 한다.

만약 지시를 해야 할 경우에는 행동에 관련된 중요한 말을 먼저 하고, 한 번에 한 가지만 지시한다. 영·유아에게 어떤 것을 요구할 때는 그렇게 해야 하는 이유를 논리적으로 설명하며, 일관성을 유지하는 것이 바람직하다. 그리고 영·유아들끼리 싸움이 생겼을 경우에는 일단 제지하고, 서로 분리시켜서 마음을 가라앉힐 수 있는 여유를 둔다. 그 뒤 다음 상황을 파악하되 직접 싸움을 해결하려 하기보다는 중재자의 입장에서 영·유아들이 스스로 해결 방안을 찾도록 유도하며, 지도교사와 상의하는 것이 바람직하다.

넷째, 자유선택 활동 시간이나 바깥놀이 시간에 영·유아들이 교사와 상호작용하는 것도 교육적으로 의미가 있지만 또래 간의 상호작용을 통하여 여러 발달에 도움이 되는 기회가 되므로 무엇보다 놀이에 더 흥미롭게 몰입할 수 있도록 상황에 따라 적절하게 개입한다. 그렇다고 실습생은 다른 업무를 보면 안 된다. 이 시간은 영·유아의 행동이 가장 활발하게 이루어지므로 안전사고가 일어날 확률이 높다. 따라서 영·유아에게 시선을 떼지 않고 관찰하다가 갑자기 일어나는 예기치 못한 사고에 민첩하게 대처한다.

다섯째, 수업이 끝나면 지도교사가 이야기하지 않아도 실습생은 교실 정리를 한다. 영·유아들이 모두 귀가하고 나면 환기를 위해 창문을 열고 청소를 한다. 이때 교실의 안전을 위해서는 위생적인 환경 유지가 필수적이다. 만약 지도교사가 특별한 지시를 하면 그에 맞게 정리를 하되 평소에 지도교사가 미처 관리하지 못했던 부분까지 청소한다.

3. 보육 실습 기관에서의 계획 및 준비

1) 사전 지도 계획

실습 어린이집의 원장이나 교사들은 앞으로 보육 교사가 될 인재를 양성한다는 관점을 가지고 보다 긍정적이며, 적극적으로 실습지도에 임한다. 6주간에 걸쳐 지도해야 할 계획을 구체적으로 살펴보면 다음과 같다.

(1) 제1주

① 보육 실습 어린이집 및 보육 실습에 대한 전체적인 오리엔테이션
② 수업 관찰을 충분히 할 수 있는 자료 및 시간 제공 (영・유아 관찰 및 기록 후 피드백 주기)
③ 영・유아와 상호작용 시 사용하는 언어 지도
④ 환경 구성 및 정리 지도

(2) 제2주

① 영・유아 관찰 및 일화 기록
② 환경 구성 및 정리 지도
③ 지도교사의 수업 보조 – 수업, 놀이, 생활지도 등
④ 교재・교구 제작과 환경 구성 및 정리 지도

주의할 점

- 어떤 행동이 언제, 어떻게 발생하였는가에 대한 사실적 기술
- 위의 행동에 대한 분석과 대처 방안을 각각 따로 기록
- 각각의 일화를 별도로 기록–여러 건의 일화를 종합적으로 묶어서 기록하는 것을 피해야 함
- 각각의 일화 기록이 그 영·유아의 발달 및 성장을 이해하는 데 의의가 있는 것이 되어야 함.

(3) 제3주

① 영 · 유아 관찰 및 일화 기록

② 교재 · 교구 제작과 환경 구성 및 정리 지도

③ 부분 수업과 연계 수업 계획

(4) 제4주

① 영 · 유아 관찰 및 일화 기록

② 교재 · 교구 제작과 환경 구성 및 정리 지도

③ 부분 수업과 연계 수업 실시 및 평가

④ 학습 운영 전반에 관한 이해 – 영 · 유아 및 학부모, 동료 교사, 지역사회

(5) 제5주

① 영 · 유아 관찰 및 일화 기록

② 전일(all day) 수업 계획서 작성 및 검토

③ 학습 운영 전반에 관한 이해 – 영·유아 및 학부모, 동료 교사, 지역 사회

(6) 제6주

① 영·유아 관찰 및 일화 기록
② 부분 수업과 전일(all day) 수업 실시 및 평가
③ 보육 실습 총평가

2) 사전 지도 내용

보육 실습 전에 실습 지도교사는 실습 기간 동안 실습생이 자기 역할을 잘 수행할 수 있도록 실습에 대한 사전지도 내용을 계획하여 안내한다.

실습기간 동안 어떤 반을 맡으며, 실습 내용의 진행 상황과 근무 자세 및 준비물 등과 같이 실습과 관련한 직접적이고도 구체적인 내용들을 안내한다. 이때 실습 지도교사는 실습생에게 월간 계획안과 그에 따른 주간 계획에서 매일 제공되는 활동들을 소개하고, 그달에 계획된 중요한 행사에 대한 안내를 하며, 실습생으로 하여금 미리 마음의 준비를 할 수 있도록 한다.

무엇보다 실습 지도교사가 실습생에게 의미 있는 실습이 되도록 안내하는 내용들을 소개하면 다음과 같다.

① 실습 어린이집의 보육 방침 – 연혁, 보육 이념, 연간 보육 계획안, 월간 계획안, 주간 계획안
② 시설 및 설비 – 실습 어린이집의 건물 배치도, 시설 및 설비, 비품에 대한 설명과 규칙

③ 교직원 – 교직원의 조직도, 교직원 소개

④ 학급과 영 · 유아 – 원의 전체 학급 편성표, 학급별 실습생 배정표, 배정 학급의 영 · 유아 명단 및 학급 운영 방침, 특징, 보육 활동 계획안 및 일일 일과 계획안

⑤ 실습 일정과 실습생의 역할 – 실습생의 역할과 책임 및 근무상의 유의 사항 (출퇴근 시간, 복장, 언어, 태도, 점심), 실습생에 대한 평가 방법 등에 대한 안내

실습 어린이집에서의 사전 준비 자료

- 실습 기관(어린이집)의 건물 배치도 및 평면도
- 실습 기관(어린이집)의 설립 연혁, 설립 목적, 교육 철학, 원훈
- 실습 기관(어린이집) 내의 보육 교직원 조직도 및 명단
- 학급 편성 현황표
- 실습 기관(어린이집)의 연간 행사 일정표
- 실습 기관(어린이집) 일과표
- 연간 부모 교육 계획
- 연간 보육 계획안, 월간 보육 계획안, 주간 보육 계획안
- 영 · 유아 생활 기록부
- 영 · 유아 행동 발달 및 관찰 기록지
- 실습 일정표
- 실습생 출근부
- 실습생의 준수 사항 및 유의 사항
- 실습생 지도 방침

3) 보육 실습생이 미리 숙지해야 할 보육 실습 기관에서의 안전 · 건강 · 영양

(1) 안전

영 · 유아의 안전은 아무리 강조해도 지나치지 않다. 그러므로 기관에서는 각별한 관심으로 영 · 유아의 각종 안전사고를 예방하기 위한 노력을 기울인다. 어린이집 실내 · 외의 각종 시설물과 설비 및 비품들의 안정성 여부를 정기적으로 점검 관리하여 안전한 환경을 마련하고, 교사를 비롯한 직원들에게 응급 상황에서의 대처 방법을 숙지하여 안전사고 발생 시 침착하고 신속하게 방어할 수 있는 능력을 배양한다. 그리고 체계적인 안전 교육을 실시하여 영 · 유아들 스스로가 안전을 지킬 수 있는 능력을 길러준다.

① 안전사고 원인

어린이집에서 발생하는 영 · 유아 안전사고의 발생 요인에는 환경적 요인과 인적 요인이 있다.

첫째, 환경적 요인으로는 어린이집 실 · 내외의 각종 시설물 및 설비, 비품, 놀잇감, 문구류와 같은 물품으로 인한 위험을 들 수 있다. 그러므로 어린이집의 실 · 내외 환경을 영 · 유아의 발달을 고려하여 안전하게 구성하여, 영 · 유아가 정해진 규칙 내에서 즐겁고 편안하게 생활할 수 있도록 한다.

둘째, 인적 요인으로는 영 · 유아의 발달 특성상의 신체적 미성숙이나 질병, 신체적 결함, 안전하지 못한 생활 태도와 습관, 안전 지식과 안전에 대한 인식 부족 등을 들 수 있다. 따라서 영 · 유아의 발달적 특성에 따른 위험 요인을 감안한 대처 방법을 제공한다면 사고를 미리 예방할 수 있을 것이다.

② 안전관리

어린이집에서의 안전관리는 환경과 영·유아에게 잠재하는 위험 요인을 조기에 발견하고, 이를 신속하게 제거하여 사고나 재해를 미연에 방지하고자 하는 것이다. 영·유아의 주변 환경은 모두 사고 요인이 될 수 있다. 따라서 어린이집 주변의 물적·인적 환경에 대해 다음과 같은 방법으로 안전관리가 이루어져야 한다.

첫째, 어린이집 실내·외 시설, 설비, 비품, 놀잇감, 영·유아용품 등은 영·유아의 발달 특성에 맞도록 안전한 것으로 설치한다.

둘째, 실내·외 시설, 설비, 비품에는 안전 점검표를 부착하여 정기적인 관리를 하고, 놀잇감과 영·유아용품 등의 안전성은 연간, 월간, 주간, 일일 단위로 점검 및 기록한다. 위험 요소가 발견되거나 파손된 곳이 있을 경우 즉시 수리·보완한다.

셋째, 무엇보다도 영·유아를 항상 주의 깊게 관찰하고, 일관성 있는 지도를 한다.

넷째, 영·유아를 비롯한 어린이집 구성원들 대상의 정기적인 안전관리 교육을 통해 대처 능력을 키운다. 안전사고 발생 시 당황하지 않고, 침착하면서도 적절·신속하게 대처할 수 있게 하며, 피해를 최소화할 수 있도록 사고 처리 절차나 대비책을 마련한다.

③ 안전 교육

영·유아에게 일어나는 예상치 못한 사고를 예방하기 위한 방법을 환경적 요인과 인적 요인으로 나누어 생각해 볼 수 있다. 환경적 요인을 변화시키는 것은 각 사고별로 환경 내 위험 요인을 찾아내어 안전시설과 설비를 완비하는 일이다. 인적 요인은 교육을 통해 사고를 유발할 수 있는 영·유아의 행동을 변화시키는 것이다.

안전사고를 예방하는 데에는 환경적 요인의 안전 측면도 강조되어야 하지만 예측하지 못한 가운데 일어나는 모든 위험 요소들을 제거하고 개선하는 것은 불가능하다. 그러므로 정기적인 안전 교육을 통해 사고를 미연에 막는 것이 무엇보다 중요하다.

안전 교육을 효율적으로 지도하기 위한 교사의 역할

- 교사 자신이 안전을 무엇보다 우선으로 중시하는 마음가짐을 갖는 것이 물리적 환경의 안전성만큼 중요하다는 것을 인식한다.
- 보육 교사 자신이 영·유아들의 긍정적인 역할 모델이 된다.
- 영·유아에게 보육 활동 중에 예상되는 여러 가지 위험 요인에 대한 안전 교육을 실시하되 다양한 방법의 안전 교육을 통해 안전에 대한 지식과 태도 및 기술을 향상시킨다.
- 응급상황이 발생되었을 때 무엇을 먼저 해야 하는지, 도움을 요청할 곳이 어디인지, 응급처치법, 소화기 사용법 등을 숙지한다.
- 영·유아의 안전뿐만 아니라 자신의 안전도 신경 써야 한다. 사람은 스트레스를 받거나 피로하면 주의집중력이 약해져서 부주의해지기 쉬우므로 교사는 일상생활에서 스트레스를 긍정적으로 전환하고 과로를 피하도록 노력한다.
- 영·유아들이 자신의 안전을 보호할 수 있는 능력과 기술을 갖도록 교육하며, 영·유아의 안전사고에 대한 예방 교육을 정기적으로 실시한다.
- 현장 체험 학습이나 특기 적성 교육 등이 시행될 때는 안전 수칙을 준수하도록 한다.
- 교사는 반드시 안전 교육 지침 등을 사전에 숙지해야 하며, 지자체 차원의 안전 관련 교육에 적극 참여한다.
- 직무상 아동 학대를 알게 된 때에는 아동보호전문기관 또는 수사기관에 신고하여야 한다.

④ 영·유아 안전 교육의 법적 근거

영·유아에게 일어나는 안전사고를 예방하기 위해서는 안전한 환경을 갖추고, 지속적인 안전 교육을 통해 사고를 유발하는 영·유아의 행동을 변화시켜야 한다. 다행히 최근에는 영·유아기의 신체 발달 특성에 대한 이해와 교통 및 환경 문제로 인한 안전사고에 대한 관심이 증가하고 있다. 어린이집에서의 보다 다양하고 체계적이며 정기적으로 시행할 안전 교육이 요구되고 있다.

이를 위해 어린이집의 원장은 학교보건법 제12조, 아동복지법 제31조, 제33조, 아동복지법 시행령 제28조에 따라 특별시·광역시·도의 교육감이 정하는 교육 계획에 따라 제1항에 따라 정기적인 교육을 실시해야 한다.

표 2-1 영·유아를 위한 정기적인 안전 교육 실시

구분	교통안전 교육	실종 및 유괴 예방 및 방지 교육	약물 오·남용 예방 교육	재난 대비 안전 교육	성폭력 예방 교육
실시 주기(총시간)	2개월 1회 이상(연간 12시간 이상)	3개월 1회 이상(연간 10시간 이상)	3개월 1회 이상(연간 10시간 이상)	6개월 1회 이상(연간 6시간 이상)	6개월 1회 이상(연간 6시간 이상)
교육 내용	① 올바른 교통 안전 지식 ② 교통 관련 법규 준수 정신 ③ 안전 장구 착용의 생활화 ④ 그밖에 교통안전 관련 애용	① 아동 실종 발생 현황 ② 장소, 상황별 실종·유괴 예방 지침 ③ 유괴·유인 시 대처 방법 ④ 유괴·유인 목격 시 신고 요령 및 절차	① 약물의 종류·중독성 및 오남용의 폐해 ② 범죄 처벌 기준 ③ 그밖에 약물 오남용 예방을 위하여 필요한 내용	① 화재, 붕괴, 폭발, 화생방 사고, 각종 재난 예방 및 안전 관리 요령 ② 위험물 취급 요령 ③ 재난 시 안전 행동 및 대피 요령	① 아동 및 청소년 성범죄 발생 현황 ② 성폭력 예방 지침 ③ 성폭력 예방 실습 ④ 성폭력 범죄 발생 시 대처 방법 ⑤ 성폭력 범죄의 신고 요령 및 절차

교육 방법	① 전문가 (또는 담당자) 강의 ② 시청각 교육 ③ 실습 교육 또는 현장 학습 ④ 수업(프로그램) 내용에 반영 ⑤ 일상생활을 통한 반복 지도	① 전문가 (또는 담당자) 강의 ② 장소 · 상황별 역할극 실시 ③ 시청각 교육 ④ 실종 사례 분석	① 전문가 (또는 담당자) 강의 ② 시청각 교육 ③ 현장 방문, 학습	① 전문가 (또는 담당자) 강의 ② 시청각 또는 실습 교육 ③ 사고 사례 분석	① 전문가 (또는 담당자) 강의 ② 시청각 교육 ③ 사고 사례 분석

(2) 건강

영 · 유아기는 전 생애 중에서 신체 발달이 가장 급격하게 이루어질 뿐 아니라 전 생애 건강에 중대한 영향을 미치는 결정적 시기이다.

특히, 이때는 면역계의 불완전한 발달로 인해 감염성 질환에 취약하며, 자신의 건강 문제에 대한 몸의 이상 신호를 제때 체크하는 능력이 미약하므로 능동적으로 대처하지 못한다. 따라서 질병을 비롯한 각종 사고의 위험에 노출되기 쉽다. 게다가 건강에 대한 지각, 신념, 가치를 비롯한 건강 생활 태도와 습관이 영 · 유아기부터 형성되기 시작하여 이후의 아동기, 성인기의 건강까지 중요한 영향을 미치므로 일생의 건강을 좌우한다 해도 과언이 아니다.

그러므로 교사는 영 · 유아의 건강 상태를 점검하여 질병을 조기에 발견하고 제때에 관리하도록 함으로써 건강한 생활을 할 수 있는 기반을 마련해 주고, 건강 지도를 통한 올바른 건강 생활 태도와 습관을 지니도록 조력해야 한다.

① 건강관리

건강관리의 목적은 영·유아로 하여금 신체적·정서적으로 건강한 생활을 영위하도록 하여 최적의 성장·발달을 이루도록 하는 것이다. 이를 위해 교사는 영·유아의 건강 상태를 수시로 관찰하며, 질병 예방에 필요한 교육이나 행위를 실천해야 한다. 몸이 아프거나 심리적 결핍을 느끼는 영·유아에게 적절한 의료적 조치와 함께 따뜻한 정서적 보살핌을 제공해 주고, 실내외 환경을 위생적으로 관리하며, 아래에 제시하는 것과 같이 규칙적이고 건강한 생활 습관을 익히도록 지도한다.

첫째, 교사는 영·유아 개개인의 신체적·정서적 건강 상태를 두루 관찰한다. 즉, 보호자로부터 영·유아의 건강 상태에 대한 정보를 수집하고, 매일 영·유아의 건강 상태를 관찰할 뿐 아니라, 정기적으로 건강 검진을 실시하여 그 결과를 기록한다.

둘째, 교사는 영·유아의 각 영역 발달을 비롯해서 습관과 일상을 포함한 건강 정보를 수집하고, 필요할 때 참고할 수 있도록 문서화할 필요가 있다. 이들 정보는 영·유아의 건강에 관한 문제점의 조기 발견과 제때 치료에 활용할 수 있다.

셋째, 교사는 영·유아의 등·하원 시나 일과 동안에도 영·유아의 기분과 건강 상태를 살펴야 한다. 이를 통해 영·유아의 신체에 나타나는 이상 여부를 신속하게 발견하고, 제때 치료를 받도록 함으로써 질병의 악화와 전염병 예방 및 확산을 막을 수 있다.

② 위생 관리

영·유아의 신체 건강과 정서적 안녕을 위해서는 어린이집의 청결하고 쾌적한 환경이 무엇보다 중요하다. 영·유아들이 자주 접촉하는 각종 교재·교구를 비롯한 놀잇감과 생활용품들의 표면을 청결하게 함으로써 세균

오염과 이로 인한 질병 감염의 위험을 예방하는 것이다. 세균에 쉽게 오염되는 표면으로는 유아 침대 및 침구, 기저귀 갈이대, 장난감, 유아용 변기 등을 들 수 있다.

첫째, 침대 및 침구에는 수백만 마리의 집 먼지 진드기와 각종 병원균들이 건강을 위협하고 있으므로 영·유아가 입을 대기 쉬운 유아 침대 난간 표면은 무독성 살균제로 최소한 하루에 한 번 살균하고 깨끗한 거즈로 닦아야 한다.

둘째, 기저귀 갈이대는 기저귀를 갈아줄 때만 이용하되 표면은 방수가 되면서도 부드럽고 독성이 없는 재질이면서 늘 청결을 유지할 수 있어야 한다.

셋째, 영아가 입에 넣은 장난감은 매일 세척하고 살균한다. 구강기가 지나서 입에 장난감을 넣지 않는 유아들이 사용한 장난감과 놀이 기구는 최소한 일주일에 한 번은 세척한다.

넷째, 배변 훈련용으로 사용되는 유아용 변기는 욕실에서만 사용하되 영·유아의 손에 닿지 않도록 한다. 변기를 사용한 후에는 변기 속 내용물이 손이 닿지 않도록 하며 즉시 내용물을 비우고, 변기의 모든 노출된 표면을 씻고 살균한다.

③ 건강 지도

올바른 건강 지도를 위해서 교사는 일상생활 속에서의 경험과 놀이를 통해 건강을 위한 올바른 태도와 생활 습관을 가르친다. 이때 주의할 점은 반드시 반복적이면서도 일관성 있게 지도한다. 이를 구체적으로 살펴보면 다음과 같다.

첫째, 신체적 건강은 청결과 직결되므로 영·유아에게 손을 청결하게 씻어야 하는 이유를 설명한다. 손 씻는 방법과 손 씻기를 해야 하는 때도 주지시키고, 지속적으로 실천하도록 하여 바람직한 손 씻기 습관을 갖도록 도와준다.

둘째, 영·유아에게 이 닦기의 중요성을 충분히 설명하고, 올바른 칫솔질 방법과 칫솔 관리 요령 등을 지속적으로 실천하도록 하여 건강한 치아 관리를 생활화하도록 지도한다.

셋째, 어린이집에서 영·유아에게 배변 훈련을 시킬 때 교사는 영·유아에게 화장실 사용법을 비롯해 배변 시 동반해야 할 여러 가지 행위들을 지도한다. 즉, 배변 의사 표현하기, 화장실 노크하기, 변기 사용법, 휴지의 정확한 사용법과 배변 후 뒤처리하는 방법, 그리고 배변 후 반드시 손 씻기를 생활화하도록 지도한다.

넷째, 신체 활동이 활발한 영·유아기는 쉽게 피로해질 수 있다. 그러므로 적절하게 휴식을 취하는 것이 건강유지에 도움이 된다. 이를 위해 낮잠 시간을 하루 일과에 포함시키고, 영·유아가 조용히 쉴 수 있는 특별한 공간을 필수적으로 마련한다.

(3) 영양

영·유아기는 전 생애 중에서 인지 발달 및 신체 발달이 가장 왕성한 시기이다. 그러므로 영·유아기의 건강한 성장과 발달을 위해서는 균형 잡힌 영양 관리가 무엇보다 중요하다. 성인에 비해 단위 체중당 소모되는 칼로리와 필요한 영양소가 높기 때문에 어린이 집에서는 신선한 양실의 식품으로 5대 영양소를 고루 갖춘 식단에 의거한 식사 및 간식을 제공하여 영·유아의 건강한 성장·발달을 도와야 한다.

5대 영양소 중 단백질과 무기질은 신체를 구성하고 유지하는 영양소이고, 단백질, 탄수화물, 지방은 에너지원이다. 무기질 및 비타민은 신체의 기능을 보정 및 조절하는 영양소로 영·유아기에는 특히 양질의 단백질 섭취가 필요하다. 또한 영·유아의 소화 능력을 고려한 식품과 조리법을 선택한다. 이 시기는 소화 능력이 미숙하므로 주 2회쯤 한 가지 정도의 잡곡을 혼합하여 제공하는 것이 적절하다(중앙보육정보센터, 2006).

영·유아기의 식습관은 일생의 식습관에 크나큰 영향을 미치므로 바람직한 식습관을 형성할 수 있도록 적절한 지도가 필요하다. 이에 급·배식 시 위생 관리를 신중하게 하여야 할 뿐 아니라 급·배식 시간이 즐겁고 안정된 가운데 진행된다면 신체적·정서적 안정감을 갖게 되어 영·유아기의 보다 건강한 발달을 돕는다.

영·유아를 위한 급·간식 식단 계획 시 참고할 다섯 가지 기초 식품군과 1일 영양 필요량은 <표 2-2>, <표 2-3>에 제시한다.

표 2-2 다섯 가지 기초 식품군

	군별	식품군	주요 영양소	대표 식품명
구성소 식품	1	어육류 난류 우유 및 콩제품	단백질	쇠고기, 돼지고기, 닭고기, 토끼고기, 생선, 조개, 굴, 두부, 콩, 땅콩, 달걀, 베이컨, 소시지, 치즈, 어패류, 통조림, 조미건조 어패류, 두유, 생선묵
	2	우유 및 유제품 뼈째 먹는 잔생선	칼슘	멸치, 뱅어포, 새우, 잔생선, 사골, 우유, 유제품, 분유, 요구르트, 아이스크림
조절 식품	3	채소 및 과일류 녹황색·담색과일	무기질 및 비타민	시금치, 당근, 쑥갓, 상추, 토마토, 미역, 다시마, 파래, 김, 톳, 당근 즙, 맛김, 배추, 무, 오이, 양배추, 김치, 콩나물, 사과, 감, 달기, 포도, 배, 수박, 토마토케첩, 고알주스, 과일통조림
열량소 식품	4	곡류 감자류	당질	쌀, 보리, 콩, 팥, 옥수수, 밀, 감자, 고구마, 꿀, 밤, 밀가루, 녹말가루, 미숫가루, 라면, 마카로니, 당면, 식빵, 비스킷, 케이크, 도넛
	5	유지류	지방	참기름, 면실유, 들기름, 콩기름, 깨소금, 호두

출처 : 한국영양학회(2005).

표 2-3 1일 영양 필요량

연 령	1일 에너지 필요 추정량	어린이집	
		점심	간식
1~2세	100%	28%	20%
	1,000kcal	280kcal	200kcal
3~5세	100%	28%	20%
	1,400kcal	392kcal	280kcal

출처 : 이명희 · 최인숙(2006)

① 영·유아를 위한 급식

5대 영양소를 고루 갖춘 균형 있는 식사는 영·유아의 건강과 신체 발달에 중요한 역할을 한다. 따라서 어린이집에서는 영·유아의 발달 단계와 영양학적 요구를 고려한 체계적인 식단을 수립한 후 계획에 따른 양질의 식사를 제공해야 한다. 영·유아 100인 미만을 보육하는 어린이집의 경우는 보육정보센터나 지역사회보건소 소속 영양사의 지도를 받아 식단을 작성하는 것이 바람직하다.

어린이집에서 바람직한 급식용 식단 구성 시 고려할 사항은 다음과 같다.

㉠ 한번 조리되어 배식된 음식은 당일 소모를 원칙으로 하며, 재배식하지 않는다.

㉡ 영아를 위해 이유식을 조리할 경우 영아의 발달단계와 영양학적 균형을 고려하여 계획한 별도의 식단대로 신선하고, 다양한 종류의 식재료를 사용하며, 영아에게 적절한 형태와 크기로 조리되는 것이 바람직하다.

㉢ 하루 2회의 간식과 1회의 급식으로 나오는 음식의 종류 및 조리 방법이 중복되지 않도록 계획한다.

㉣ 영·유아의 연령별 발달특성을 고려하여 음식의 형태나 크기, 맛, 조

리 방법 등을 조절한다.

ⓜ 인스턴트식품 배식은 될 수 있으면 자제한다.

실습 어린이집에서 매일 제공되는 급식이 적절한지 여부는 다음의 질문 내용을 염두에 두고 실습생으로서 점검한다.

㉠ 조리 방법이 영 · 유아의 연령을 고려하여 이루어지는가?

㉡ 급식이 5대 영양소(단백질, 비타민 무기질, 탄수화물, 칼슘, 지방 등)의 영양상 균형을 이루고 있는가?

㉢ 급식이 계획에 따라 어류, 육류, 해조류, 채소류 등의 식품이 균형을 이루고 있는가?

② 영·유아를 위한 간식

어린이집의 간식은 영 · 유아의 성장에 필요한 열량의 보충과 영양의 균형면에서 중요한 일과로 다루어져야 하며, 영 · 유아의 신체적 요구와 연령별 특성을 고려하여 오전과 오후로 나누어 제공하는 것이 바람직하다. 간식의 메뉴는 가능한 한 식사와 중복되지 않아야 하며, 비타민과 무기질이 풍부한 신선한 제철 과일 또는 야채가 좋다.

어린이집에서 바람직한 간식 식단을 계획할 때 고려할 사항은 다음과 같다.

㉠ 오전 간식은 조리 시간이 짧고 간편하면서 포만감이 적은 것으로 소화가 잘 되어 식사에 방해되지 않는 것이 좋고, 오후 간식은 포만감이 어느 정도 있는 것이 바람직하다.

㉡ 간식으로 인스턴트식품, 탄산음료, 냉동식품, 과자류는 될 수 있으면 피하는 것이 좋다.

ⓒ 사전에 계획 · 수립된 간식 식단표에 따라 신선하고 다양한 제철 과일(예 : 사과, 배, 감, 밤, 딸기, 수박, 참외 등)이나 제철 야채(예 : 무, 당근, 토마토, 오이, 옥수수, 감자, 고구마 등), 견과류 등의 간식을 제공하며, 간식 종류를 구체적으로 기록 · 유지하는 것이 바람직하다.

식단표는 필수 내용(오전 · 오후 간식, 점심 식사, 계획된 식단의 변동 사항)이 누락되지 않도록 하고, 제공된 간식명(과일 및 채소)은 구체적으로 기록한다(중앙보육정보센터, 2012).

실습 어린이집에서 매일 제공되는 간식이 적절한지 여부는 다음의 질문 내용을 염두에 두고 실습생으로서 점검한다.

ⓐ 하루 2회 이상의 간식이 오전과 오후로 계획에 따라 제공하는가?(식사 시 후식으로 제공되는 과일은 간식에 포함되지 않음)
ⓑ 영 · 유아들의 영양을 고려하여 비타민과 무기질이 풍부한 제철 과일, 제철 야채, 견과류 등의 자연식품을 주 3회 이상 제공하는가?
ⓒ 간식으로 제공하는 식품은 식사와 중복되지 않고, 식사에 방해되지 않는 양과 메뉴로 적당히 제공하는가?
ⓓ 고칼로리 식품이나 인스턴트식품, 지나치게 영 · 유아들의 기호만을 고려한 메뉴, 같은 조리법의 음식을 지나치게 많이 제공하지는 않는가?

급식 및 간식에서 제외하여야 할 인스턴트식품의 예

당분이 많은 과자류, 햄, 햄버거용 고기, 튀김옷을 입혀 파는 냉동식품 라면, 통조림류 등

표 2-4 식단표 예-2012년 2월 이유식(서울시육아종합지원센터)

요일		월	화	수	목	금	토
1주	일자			1	2	3	4
	오전 간식			• 단호박 스프	• 바나나 치즈죽	• 흑임자 잔멸치죽	• 과일 잡곡죽
	점심			• 고구마 사과죽	• 쇠고기 김가루죽	• 양배추 쇠고기죽	• 애호박 당근죽
	오후 간식			• 닭살 근대죽	• 야채죽	• 새우살 청경채죽	
	저녁						
2주	일자	6	7	8	9	10	11
	오전 간식	• 밤암죽	• 과일 타락죽	• 순두부 쇠고기죽	• 과일 잡곡죽	• 야채죽	• 쇠고기 양파죽 • 팽이버섯 양배추죽
	점심	• 두부굴죽	• 닭살 채소죽	• 잔멸치 당근죽	• 표고버섯 무죽	• 옥수수 흑미죽	
	오후 간식	• 양송이죽	• 흰살생선 애호박죽	• 감자 배죽	• 브로콜리 애호박죽	• 감자 미역죽	
	저녁						

출처 : http://seoul.childcare.go.kr/

표 2-5 **식단표 예-2012년 2월 유아반(서울시육아종합지원센터)**

요일		월	화	수	목	금	토
1주	일자			1	2	3	4
	오전 간식			• 시리얼/우유	• 요구르트	• 선식	• 건강쿠키/우유
	점심			• 알밥 • 어묵국 • 군만두 • 제철 과일 • 배추김치	• 기장밥 • 콩나물국 • 고등어 시래기조림 • 참나물 무침 • 배추김치	• 수수밥 • 얼갈이 된장국 • 주꾸미 삼겹살볶음 • 양배추 숙쌈+쌈장 • 깍두기	• 제철 과일, 두유 • 삼색 비빔밥 • 호박 새우젓국
	오후 간식			• 구운 고구마, 우유	• 야채튀김, 주스	• 호빵, 우유	• 배추김치
	저녁						
2주	일자	6	7	8	9	10	11
	오전 간식	• 견과류, 보리차	• 제철 과일, 우유	• 순두부+양념장	• 제철 과일, 치즈	• 조갯살 야채죽	• 물만두
	점심	• 발아현미밥 • 매생이굴국 • 두부구이+양념장 • 삼색나물(택1) • 배추김치	• 차조밥 • 시래기 된장국 • 닭강정 • 도토리묵 무침 • 깍두기	• 찹쌀밥 • 설렁탕 • 잔멸치 견과류 볶음 • 제철 과일 • 깍두기	• 콩밥 • 봄동 된장국 • 삼치 카레구이 • 버섯볶음 • 깍두기	• 흑미밥 • 유부장국 • 돈육 바비큐 조림 • 옥수수 버터구이 • 배추김치	• 제육덮밥 • 팽이버섯국 • 배추김치
	오후 간식	• 약식, 우유	• 토마토소스 스파게티	• 구운 감자, 두유	• 부침개, 주스	• 카스텔라, 우유	
	저녁						

출처 : http://seoul.childcare.go.kr/

CHAPTER 3

보육 실습 기관의 유형 및 보육 실습 관계자의 역할

1. 보육 실습 기관의 유형
2. 보육 실습 관계자의 역할

1. 보육 실습 기관의 유형

보육 실습 기관의 유형으로는 보육 정원 15인 이상의 어린이집 또는 교육청에 종일제로 등록한 유치원으로 나눈다.

1) 어린이집(영유아보육법 제10조)

① 국공립어린이집 : 국가나 지방자치단체가 설치 · 운영하는 어린이집
② 사회복지법인어린이집 : 「사회복지사업법」에 따른 사회복지법인이 설치 · 운영하는 어린이집
③ 법인 · 단체등어린이집 : 각종 법인이나 단체 등이 설치 · 운영하는 어린이집으로서 대통령령으로 정하는 어린이집
④ 직장어린이집 : 사업주가 사업장의 근로자를 위하여 설치 · 운영하는 어린이집(국가나 지방자치단체의 장이 소속 공무원을 위하여 설치 · 운영하는 어린이집을 포함한다)
⑤ 가정어린이집 : 개인이 가정이나 그에 준하는 곳에 설치 · 운영하는 어린이집
⑥ 협동어린이집 : 보호자 또는 보호자와 보육교직원이 조합(영리를 목적으로 하지 아니하는 조합에 한정한다)을 결성하여 설치 · 운영하는 어린이집
⑦ 민간어린이집 : 제1호부터 제6호까지의 규정에 해당하지 아니하는 어린이집

등이다. 이러한 어린이집은 보건복지부령으로 정하는 설치 기준을 갖추어야 한다.

어린이집은 그 특성에 따라 일반 어린이집, 24시간 어린이집(부모의 야간 경제활동 등 불가피하게 주간 보육 – 오전 7시 30분~오후 7시 30분, 야간보육 – 오후 7시 30분~오전 7시 30분을 모두 이용하는 보육 시설), 시간연장어린이집(기준 보육시간을 경과하여 최대 24시까지 시간을 연장하여 보육하는 시설), 휴일 어린이집(일요일 및 법정 공휴일에 보육하는 시설) 등으로 구분하기도 한다.

예비 보육 교사는 보육 실습 기관의 입지 조건에 따라 분위기가 다르므로 보육 환경에 맞는 보육 계획을 수립하고, 실습 기관의 물리적 여건을 잘 활용하여 영・유아에게 풍부한 자극을 줄 수 있는 보육 활동이 되도록 실습 계획을 세운다.

2) 유치원

① 국립 유치원 : 국가가 설립・경영하는 유치원으로 만 3세부터 초등학교 취학 전의 유아들을 대상으로 심신의 발달을 조장하기 위해 「교육법」에 의해 설치, 운영되는 교육부 관할 교육기관이다.

② 공립 유치원 : 지방자치단체가 설립・경영하는 유치원으로 설립 주체에 따라서 시립 유치원과 도립 유치원으로 구분한다.

③ 사립 유치원 : 법인 또는 개인이 설립・경영하는 유치원이다.

2. 보육 실습 관계자의 역할

보육 실습에 있어서 먼저 교육기관의 관계자는 실습생과 지도 교수이다. 실습생은 지도 교수와 지도교사로부터 자기 분석과 관찰 등을 통해 보육 교사로서의 가치와 태도를 배운다. 그러므로 실습생, 지도 교수의 협력 체계 유지는 효과적인 실습 수행을 좌우한다고 해도 과언이 아니며, 각각의 역할과 입장을 이해하는 것이 성공적인 실습을 위하여 중요하다. 다음으로 실습과 관련된 실습 기관의 관계자는 원장, 보육 교사, 유아, 학부모, 기타 관계자가 있다. 이들 각각의 역할과 입장을 이해하는 것이야말로 원만한 인간관계를 유지하게 되어 실습을 효과적으로 수행할 수 있다.

1) 보육 실습 지도 교수의 역할

① 실습 계획의 수립 및 실습 지침을 결정하여 지도한다.
② 실습 기관 방문 시 원장 및 지도교사와의 보육 실습 지도에 관한 협의와 실습 상황을 점검한다.
③ 실습생에 대한 정서적인 지원을 한다.
④ 실습 과정 중의 어려움을 파악하고 전문적 지원을 한다.
⑤ 실습 과정 전반에 대한 평가를 한다.

보육 실습 지도 교수의 단계별 역할(윤기영 외, 2000)을 정리하면 <표 3-1>과 같다.

표 3-1 보육 실습 지도 교수의 단계별 역할

구분	역할
실습 계획 시	• 실습 기관에 대한 정확한 정보를 수집한다. • 대학의 교사 양성 목표, 실습 기관의 여건을 고려한 실습 계획을 수립하고 실습 지침을 결정한다.
실습지도 시	• 실습생이 현장에 잘 적응하고 있는지, 문제점 또는 애로 사항이 무엇인지를 파악하여 전문적인 도움을 준다. • 보육 실습 지도교사와 원만한 관계를 가지도록 돕는다. • 아직 교사로서의 자신감이 없기에 불안할 수 있고, 또 교사들 간의 갈등이 생길 수 있으므로 지도 교수는 실습생에게 정서적인 지원을 한다.
실습 결과 평가 시	• 실습 기관을 방문하여 실습생을 관찰하고, 원장과 지도교사와의 대화를 통해 실습생 지도 사항을 파악한다. • 실습 기관 방문 후 기관의 요구 사항, 상담 내용, 실습생의 활동 내용 등을 현장 방문 결과 보고서에 기록 및 평가한다. • 보육 실습 후 예비 교사의 정체성과 전문성을 형성하도록 다양한 관점에서 수업 사례를 발표, 분석, 반성 등의 기회로 삼아 보육 교사로서의 정체성 형성에 도움이 되도록 한다.

2) 원장의 역할

① 보육 실습에 대한 기관 협의를 하고 어린이집의 보육 철학 및 보육 활동 프로그램의 특징과 운영에 관한 안내 그리고 일과 중 구체적인 교사의 역할, 실습경비, 어린이집의 자료 이용방법, 실습생이 지켜야 할 사항 등을 안내하는 오리엔테이션을 한다.

② 실습 지도교사로 보육 교사 1급 또는 유치원 정교사 1급의 자격을 갖춘 교사를 배정한다.

③ 보육 실습 일지에 대한 중간 점검 및 실습생, 지도교사와의 면담을 통해 보육 실습이 효과적으로 진행되고 있는지, 실습생과 지도교사 간의 원만한 관계가 이뤄지고 있는지를 종종 점검하여 보육 실습이 성공적으로 마무리되도록 돕는다.

④ 실습생과 지도교사의 보육 활동에 대한 평가를 통해 보육 실습의 효과를 향상시킬 수 있으며, 보육 활동에 대한 바람직한 방향을 제시할 수 있다.

3) 보육 실습 지도교사의 역할

보육 실습 지도교사는 실습생의 실습의 성패를 좌우할 정도로 중요하며, 그 역할은 다음과 같다.

① 보육 실습에 대한 사전 지도 내용을 계획하여 실습생에게 안내한다. 즉, 실습 기간 동안 맡을 반, 실습 진행 방법, 근무 자세, 준비물 등에 관해 직접적이고도 구체적으로 설명한다.

② 실습 기관의 월간 계획과 그에 따른 주간 계획안에서 매일 운영될 보육 활동을 소개하고, 그달에 진행될 주요 행사에 대한 안내를 함으로써 실습생들이 미리 마음의 준비를 할 수 있도록 돕는다.

③ 실습 안내자이자 교수 – 학습 모델로서의 역할을 한다.

④ 보육 실습 과정 동안의 평가를 통해 피드백을 준다. 즉, 부분 수업, 연계 수업, 전체 수업에 대한 격려와 칭찬을 통해 실습생이 보육 교사로서의 자신감을 가지고 실습을 마무리할 수 있도록 배려한다.

보육 실습 지도교사의 단계별 역할(유기영 외, 2000)을 정리하면 <표 3-2>와 같다.

표 3-2 보육 실습 지도교사의 단계별 역할

구분	역할
실습 계획 시	• 대학의 교사 양성 목표, 실습 보육 기관의 여건을 고려하여 보육 실습 지도 교수와 보육 실습 지도교사가 사전에 실습 내용을 계획·설정·안내한다.
실습지도 시	• 보육 실습생이 자기 역할을 잘 수행할 수 있도록 돕는다. • 지도교사는 자신의 일거수일투족을 보고배우는 실습생을 위해 교사의 역할에 대한 모범과 시범을 보여준다. • 교육 계획안 및 교육 지도안을 검토·수정한다. • 일과 진행 시 적절한 도움을 준다.
실습 결과 평가 시	• 실습 과정 동안 관찰한 실습생의 행동·태도 등과 제출한 과제물, 실습생의 부분 수업, 연계 수업, 전체 발표 수업 등을 토대로 평가하고 피드백을 준다.

CHAPTER 4

보육 계획안 및 보육 실습 일지 작성

1. 보육 계획안 작성의 기초
2. 연간 보육 계획안
3. 월간 보육 계획안
4. 주간 보육 계획안
5. 일일 보육 계획안 및 보육 실습 일지
6. 단위 활동 계획안

어린이집에서의 하루 생활은 영 · 유아가 균형 있게 성장 · 발달할 수 있도록 통합적으로 계획 · 작성 · 운영되어야 한다. 따라서 교사의 용의주도한 보육 계획은 영 · 유아가 모든 영역에서 골고루 활동할 수 있도록 도와준다. 이는 영 · 유아의 요구와 흥미에 민감하게 반응하고, 적절한 도움을 주어 효과적인 보육 활동이 이루어지도록 한다.

효과적인 보육 활동 프로그램은 영 · 유아의 놀이에 적합한 환경을 준비하고, 준비된 환경을 효과적으로 활용할 계획을 수립한다. 즉, 연간 · 월간 · 주간 · 일일 보육 계획안을 철저하게 계획 · 수립하고, 이를 바탕으로 그날그날의 보육 계획이 실행되며, 그 결과를 기록하고 평가한 것이 다시 새로운 계획을 수립하는 데 반영되도록 한다. 우수한 보육 계획안은 이러한 과정이 지속적으로 반복되는 것이다.

1. 보육 계획안 작성의 기초

1) 교재 · 교구와 보육 계획

보육(保育)은 보호(保護)와 교육(敎育)으로 구성된다. 그러므로 무엇보다 중요한 것은 보육 활동의 목표에 따라 먼저 보육 계획을 구조화 및 체계화하고, 보육 활동 시의 과정과 지도 방법 그리고 교수 자료에 대한 끝없는 연구를 해야 한다. 즉, 주제를 선정하고, 그에 맞춰 합리적인 활동을 구성하고, 교육 자료를 준비할 수 있어야 하며, 영 · 유아의 신체, 언어, 정서, 사회, 인지적 발달이 통합적으로 이루어지도록 구성한다. 이와 같은 보육 계획안 작성은 실습생이 연구하는 자세로 직무에 임하며, 익혀야 하는 전문적인 과정이다.

2) 보육 계획안의 작성 순서 및 방법

보육 계획안은 연간 보육 계획안, 월간 보육 계획안, 주간 보육 계획안, 일일 보육 계획안으로 구분한다.

계획안 작성 시 기본적으로 활동 주제명, 주제 선정의 이유, 주제의 구조, 목표, 활동 계획, 활동의 실제, 평가 사항 등을 기록한다. 게다가 평가 인증 지표상에 연간 보육 계획안과 주간 보육 계획안 및 일일 보육 계획안은 필수 요소이다. 이에 따른 평가 지표 내용은 정적인 활동과 동적인 활동의 균형, 소집단 활동과 대집단 활동의 균형 등이 계획 · 실행되면서 평가가 이루어진다. 그 뒤 다음 활동에의 반영 여부를 정할 수 있다.

따라서 보육 활동을 계획하기 전에 다음과 같은 요소들을 고려한다.

① 주제명은 활동을 나타내는 큰 주제명으로 쓴다.

② 주제 선정의 이유로는 보육 과정의 학문적 입장과 국가 – 사회적 입장, 그리고 영 · 유아의 입장을 나타내고, 주제의 필요성과 의의를 나타낸다.

③ 주제의 구조로는 큰 주제 속의 작은 주제들의 구분과 연관성을 고려한다.

④ 주제의 목표는 큰 주제를 통해 이루고자 하는 목표를 구체적으로 나타낸다.

⑤ 활동 계획 시에는 보육 활동 계획의 균형, 자유 선택 활동 (시간 2시간 30분 이상), 일과의 통합적 운영, 일상생활 관련 활동, 실외 활동 (1시간 이상)으로 구성하고 이에 필요한 교수 자료를 제시한다.

⑥ 활동의 실제에서는 실제 활동 내용을 나타낸다.

⑦ 보육 과정 평가에서는 평가를 위한 관점을 기록하고, 다음 활동에 반영한다.

보육 계획안의 작성 시 유의할 점

① 목표가 명확하고, 내용 및 방법이 간결하며, 구조적이고 체계적이어야 한다.
② 영 · 유아 학습 원리에서 강조하는 내용들이 반영된 보육 활동 계획이 되도록 지도교사의 지도와 조언을 구한다.
③ 폭넓고 깊이 있는 준비를 바탕으로 영 · 유아 보육 특성에 맞는 보육 활동 계획을 수립함으로써 보육 계획안대로 보육 활동이 이루어질 수 있어야 한다.
④ 보육 활동 실제에서의 예상 활동을 충분히 고려하여 영 · 유아들의 흥미 변화에 따라 변화될 수 있는 융통성 있는 계획안이어야 한다.

2. 연간 보육 계획안

연간 보육 계획안은 1년간의 어린이집 보육 활동의 흐름을 한눈에 볼 수 있는 것이다. 그러므로 연간 보육 계획안을 작성할 때는 각 연령별로 다루어야 할 월별, 계절별, 주제, 소주제, 연간 행사 및 견학 계획 등이 연동되어 이루어질 수 있도록 계획한다. 각 어린이집의 특성과 교육 철학 및 목표, 영 · 유아의 연령 및 발달 수준, 지역사회의 특성 등도 고려한다.

매년 새로운 한 회기 연도가 시작되기 전 어린이집 교사 전원이 모여 전년도 보육 계획안과 실행 결과를 비교 평가한 후에 어린이집에서 다루어야 할 주제, 소주제, 연간 행사 및 견학 계획 등을 고려하여 신년도의 연간 보육 계획을 세운다. 이러한 연간 (월간) 보육 계획에 입각하여 구체적인 주간 보육 계획을 세우고, 또 이를 바탕으로 치밀하게 일일 보육 계획을 수립한다.

연간 보육 계획안 작성 시 고려할 점은 다음과 같다.

① 영·유아기는 전 생애 중에서 가장 급성장기이다. 그렇지만 각 영·유아마다 다른 성장 속도를 가지고 있다는 사실을 놓치지 않아야 한다. 따라서 이러한 영·유아의 발달 특성과 각 영·유아의 흥미와 관심에 기초하여 융통성 있게 보육 계획안을 작성한다. 특히, 영아 보육에서는 연령에 따른 발달 능력이 크게 차이가 나타나므로 이를 고려하여 보다 세분화되고 개별화된 보육 계획을 수립한다.

② 영·유아의 발달 특성 및 계절의 변화나 흥미를 고려하여 학기 초에는 새로운 환경에의 적응을 도울 수 있는 친숙한 주제에서 시작하여 차츰 추상적인 주제로 확대되도록 계획한다. 또한 연령별 소주제의 난이도를 세밀하게 검토한다.

③ 영·유아들은 반복되는 활동을 즐기는 특성이 있으므로 보육 활동 계획 시 이러한 특성을 반영하되 친숙한 활동과 새로운 활동을 적절하게 조율하여 영·유아들의 호기심을 자극하도록 하는 것이 중요하다. 왜냐하면 영·유아기의 감각과 탐색 경험은 사물의 특성을 파악할 뿐 아니라 문제 해결을 경험하기 때문이다.

④ 학기 초에는 영·유아들이 새로운 환경에 적응하는 데 도움이 되는 프로그램을 계획한다.

표 4-1 **0세 반 연간 보육 계획안**

시기	주제	다루어질 내용
3월	어린이집에 왔어요	보호자와 헤어져 교사에게 안길 수 있으며, 각자 교사와 따뜻한 상호작용을 통하여 안정된 애착을 형성한다. 차츰 정서적 안정감을 느끼고 어린이집을 각자의 집과 같이 편안한 장소로 느낄 수 있도록 한다.
4월	어린이집에서 편안하게 지내요 I (잘먹고 잘자요)	어린이집에서 이루어지는 일과의 흐름에 익숙해진다. 일정한 시간 간격을 두고 제공되는 이유식과 식사에 적응하여 규칙적으로 먹을 수 있게 되며, 영아 각자의 생활 리듬을 배려하여 조정되는 배변과 낮잠, 씻기, 놀이 시간 등 하루 일과에 원만하게 적응한다.
5월	어린이집에서 편안하게 지내요 II (씻기, 배변 훈련)	어린이집에서 지내는 시간 동안의 손과 몸을 씻는 것, 기저귀를 갈고 배변 훈련을 하는 것에 적응한다. 교사의 위생적인 신체 관리와 개인차를 고려한 배변 훈련을 통하여 영아는 심리적 안정감뿐 아니라 편안한 신체 적응을 한다.
6월	선생님이 좋아요	교사와의 친숙한 상호작용을 통하여 안정된 관계를 유지한다. 교사를 심리적 안정 기반으로 삼아 어린이집에서 지내는 동안 즐겁고 편안한 시간을 갖고, 교사의 도움과 보살핌을 통해 영아는 자신이 소중한 존재로 사랑받고 있음을 느낀다.
7월	놀잇감을 탐색해요	오감각을 이용해 보고, 듣고, 맛보고, 냄새 맡고, 느끼며 어린이집 안팎의 사물과 자연을 접하며 탐색한다. 물놀이를 즐기면서 더위를 씻는 기분을 느끼고, 자신의 몸과 주변을 청결하고 안정을 유지하는 기분 좋은 경험을 한다.
8월	내 얼굴과 몸을 살펴보아요 I	자신의 신체에 관심을 갖고, 얼굴과 몸을 탐색하는 시간을 즐긴다. 신체 탐색을 통해 어떤 부위가 부모님을 닮았는지 찾아보고, 자신이 독립된 존재임을 느끼며, 신체적 자아를 인식하고 긍정적인 자아상을 형성한다.
9월	내 얼굴과 몸을 살펴보아요 II	얼굴에서 다양한 표정과 움직임을 인식하고, 몸의 여러 부위를 탐색하는 활동을 통해 내 몸의 특징과 움직임을 자연스럽게 알아간다. 신체 활동과 탐색 활동을 통해 신체적 자아를 인식하면서 긍정적인 자아상을 형성한다.
10월	내 몸을 움직여요	신체의 움직임과 조절을 통해 어떤 동작을 할 수 있다는 자긍심을 느낀다. 이를 통해 자신과 주변에 대한 이해를 높이고, 타인과 다른 자신을 긍정적으로 경험함으로써 자아 존중감을 갖는다. 서고, 걷고, 움직이며, 자신의 신체를 스스로 통제할 수 있는 대근육 신체 활동으로 주변 환경에 대한 인식의 범위를 넓혀 나간다.

11월	놀이가 재미있어요 I	흥미 있는 놀이와 놀잇감을 발견하고, 정적인 활동과 동적인 활동을 균형 있게 경험하면서 놀이의 즐거움을 알아간다.
12월	놀이가 재미있어요 Ii	자신에게 흥미 있는 놀이를 반복하면서 자발적인 놀이의 즐거움을 맛본다. 영아의 그룹에 변화를 보이는 놀잇감을 활용하며, 교사와의 놀이 상호작용을 통해 감각적 놀이와 겨울철에 가능한 놀이를 경험한다.
1월	선생님과 놀아요	교사의 놀이 행동을 모방하거나 영아 스스로 흥미 있는 놀이를 반복하며 즐긴다. 상징 놀이, 감각적 놀잇감을 활용한 탐색적 표현적 놀이, 교사와 상호작용을 통한 말놀이 등을 통해 즐거운 놀이 경험을 한다.
2월	선생님, 친구들과 놀아요	여러 놀이 상황에서 자신의 욕구를 교사, 또래에게 언어적, 비언어적으로 표현하는 기회를 갖는다. 다른 사람의 의사 표현을 인식하고 반응하며, 놀이 상호작용에 보다 잘 적응하며 즐긴다.

표 4-2 **1세 반 연간 보육 계획안**

시기	주제	소주제	비고
3월	어린이집에 왔어요	○○반에 왔어요 선생님과 함께 지내요 엄마, 아빠와 안녕해요 어린이집에서 편하게 지내요	
4월	어린이집이 좋아요	맛있게 먹어요 편안하게 낮잠을 자요 친구와 함께 지내요 선생님이 좋아요 I 선생님이 좋아요 II	
5월	재미있게 놀이해요	재미있는 놀잇감 I 재미있는 놀잇감 II 안전하게 놀아요 신나는 바깥 놀이	
6월	나/엄마, 아빠	내 몸을 살펴보아요 내 몸을 움직여 보아요 내가 좋아하는 것이 있어요 쉬/응가를 해요(배변 훈련 I)	☆1차 배변 훈련 (1,2학기 나누어 두 번 실시)

7월		쉬/응가를 해요(배변 훈련 Ii) 엄마, 아빠가 좋아요 I 엄마, 아빠가 좋아요 II	
8월	더워요	날씨가 더워요 비가 와요 즐거운 물놀이 I 즐거운 물놀이 II 깨끗이 씻어요	☆여름 휴원(3일) ☆날씨를 고려하여 물놀이 실시 ☆비오는 주간에 '비가 와요'주제로 활동
9월	느껴 보아요	눈으로 보아요 귀로 들어 보아요 맛을 보고 냄새를 맡아요 만져 보아요 느껴 보아요	
10월	동물	여러 가지 동물이 있어요 I 여러 가지 동물이 있어요 II 동물이 좋아요	
11월	자동차 놀이	자동차 놀잇감이 있어요 I 자동차 놀잇감이 있어요 II 신나는 자동차 놀이 I 신나는 자동차 놀이 II	
12월	추워요	날씨가 추워요 따뜻하게 입어요 건강하게 지내요 병원 놀이를 해요	
1월	친구	내 친구예요 I 내 친구예요 II 친구가 좋아요	
2월	형, 언니가 되었어요	쉬/응가를 해요(배변 훈련 III) 쉬/응가를 해요(배변 훈련 IV) 자랐어요 I 자랐어요 II 혼자서 해볼래요 I 혼자서 해볼래요 II	☆2차 배변 훈련 (1,2학기 나누어 두 번 실시) ☆겨울 휴원(3일)

표 4-3 **2세 반 연간 보육 계획안**

시기	주제	소주제	관련 행사 및 나들이의 예
3월	즐거운 어린이집	새로운 반이 되었어요 새로운 놀이실 우리 선생님 병아리반 친구들	☆신입 원아 적응을 위한 단축 일과(약 1~2주일)
4월	여라 가지 놀이와 놀잇감	여러 가지 놀잇감이 있어요 안전하게 놀아요 신나는 바깥 놀이 I 신나는 바깥 놀이 II	☆건강검진, 체격검사 ☆적응보고서 배부 (실외 놀이터 없는 기관 : 놀잇감이 재미있어요)
5월 6월	나	내 이름은? 내 몸을 살펴보아요 나는 느껴요(정서 인식과 표현) 내가 좋아하는 것 깨끗이 씻어요 혼자서 해봐요	☆봄나들이 ☆체격검사
7월	탈 것	자동차 놀이를 해요 I 자동차 놀이를 해요 II 우리를 도와주는 자동차 여러 가지 탈 것 I 여러 가지 탈 것 II	
8월	더워요	날씨가 더워요 비가 와요 물놀이가 재미있어요 I 물놀이가 재미있어요 II 여행 가는 놀이를 해요	☆여름 휴원(3일) ☆날씨를 고려하여 물놀이 실시 ☆비가 많이 오는 주간에 '비가 와요' 주제로 활동
9월	음식	여러 가지 음식이 있어요 I 여러 가지 음식이 있어요 II 내가 좋아하는 음식 '나는야 요리사'	☆체격 검사 ☆영양 교육
10월	동물	여러 가지 동물이 있어요 I 여라 가지 동물이 있어요 II 동물 흉내를 내요 I 동물 흉내를 내요 II 동물이 좋아요	☆동물원 나들이 ☆건강검진

11월	가족	가을나들이 엄마, 아빠가 좋아요 엄마, 아빠 놀이 우리 가족이예요	
12월	추워요	날씨가 추워요 옷차림이 달라요 병원 놀이 추울 때 하는 놀이가 있어요 크리스마스	☆체격 검사
1월	친 구	친구와 함께 해 봐요 친구와 나는 다른 점이 있어요 내 친구가 좋아요	
2월	형, 언니가 되었어요.	설날 많이 자랐어요 혼자서도 잘해요 I 혼자서도 잘해요 II 형, 언니가 되어요	☆설 연휴 ☆겨울 휴원(3일)

표 4-4 3~4세 반 연간 보육 계획안

시기	주제	소주제	관련 행사 및 나들이의 예
3월	즐거운 어린이집	새로운 반이 되었어요 만나서 반가워요 안전하게 놀아요 사이좋게 놀아요 즐겁게 놀아요	☆신입 원아 적응을 위한 단축 일과 (약 1주일) (기본 규칙 함께 정하기) ☆안전 교육
4월	봄	봄의 변화 꽃과 나무 봄나들이	☆긴깅 김진, 체격 검시 ☆적응 보고서 배부
5월	우리 가족과 나	즐거운 우리 집 소중한 우리 가족 나의 몸 나의 마음 소중한 나	☆어린이날 행사

6월	동물	여러 가지 동물 I 여러 가지 동물 II 곤충 동물을 사랑해요	('공룡'은 활동으로 전개) ☆동물원 견학 ☆체격 검사 ☆자아 지각 검사(4세)
7월	건강한 생활	깨끗하게 지내요(위생, 청결) 운동을 해요(운동) 음식과 건강한 몸(영양)	☆건강 교육, 영양 교육 ☆치과 검진
	여름	여름의 날씨 물놀이 I 물놀이 II 여행 가요	☆날씨를 고려하여 물놀이 실시 ☆여름 휴원(3일) ☆안전 교육
8월 9월	교통기관	여러 가지 교통기관 I 여러 가지 교통기관 II 우리가 좋아하는 교통기관 놀이 교통 규칙과 안전	
10월	우리나라와 다른 나라	우리나라를 나타내는 것 우리나라의 명절(추석) 우리나라와 다른 나라 음식 우리나라와 다른 나라의 옷과 집 재미있는 민속놀이	☆추석 ☆체격 검사 ☆민속박물관 견학
11월	가을	가을의 변화 나뭇잎의 색 곡식과 열매	☆가을 소풍 (자연보호 활동 포함 가능)
12월	우리 동네	내가 사는 동네 우리 이웃의 기관 우리를 도와주시는 분들 I 우리를 도와주시는 분들 II	☆ 동네 산책 ☆가게 나들이 ☆은행, 우체국 견학
1월	겨울	겨울 날씨 겨울 준비 겨울철 놀이 I 겨울철 놀이 II 크리스마스	☆안전 교육 ☆체력 검사
	도구와 기계	새해가 되었어요	☆설 연휴

		주변에서 볼 수 있는 도구 우리가 사용하는 편리한 기계 도구와 기계를 사용해 보아요 설날	
2월	형, 언니가 되었어요.	몸과 마음이 자랐어요 선생님 감사합니다 즐거웠던 우리 반 형님반이 되어요	☆겨울 휴원(3일)

표 4-5 5세 반 연간 보육 계획안

시기	주제	소주제	관련 행사 및 나들이의 예
3월	즐거운 어린이집	새로 만난 우리 반 새로 꾸민 우리 반 어린이집 탐험 사이좋은 친구	☆신입 원아 적응을 위한 단축 일과(3일) (놀이실 내의 기본 규칙 함께 정하기) ☆안전 교육
4월	봄과 동식물	봄의 모습 식물의 봄맞이 동물의 봄나들이 우리들의 봄 이야기	☆건강검진, 체격 검사 ☆적응 보고서 배부 ☆봄 소풍 ☆어린이날 행사
5월	소중한 우리 가족	소중한 나 나와 우리 가족 함께하는 가족 놀이 여러 가족의 모습 사랑하는 우리 가족	(어버이날, 스승의 날 관련 활동 가능) ☆아버지 참여 수업
6월	우리 동네	우리 동네 모습 우리 동네 기관 I 우리 동네 기관 II 다양한 직업 함께하는 우리 이웃	☆동네 산책 ☆부모님 직장 견학 ☆체격 검사
7월	신나는 여름	여름의 모습 건강하게 여름나기 즐거운 물놀이 I 즐거운 물놀이 II	☆건강 교육, 영양 교육 날씨를 고려하여 물놀이 실시('물'에 대한 프로젝트, 건강을 위한 다양한 운동에 대하여 활동 가능)

8월	교통과 안전	내가 궁금한 교통 수단 편리한 교통 시설 미래의 교통 수단 안전한 교통 문화	
9월	세계 속의 우리 나라	우리나라의 생활 우리나라의 문화유산 세계 여러 나라와 사람들 세계 여러 나라의 생활 함께하는 세계	☆체격 검사 ☆민속박물관 혹은 학옥마을 견학 ☆다른 나라 박물관 견학(유아들이 알아보고 싶은 나라를 정해서 전개)
10월	가을과 자연	가을의 변화 가을 곡식과 열매 우리들의 가을 이야기-추석 가을 나무와 숲	☆가을 나들이 ☆학습 준비도 검사
11월	지구와 환경	우리가 사는 지구 지구의 변화 고마운 지구 지구의 보호	☆과학관 혹은 박물관 견학(목공 놀이 가능) ☆교통안전 교육
12월	겨울과 놀이	겨울의 모습 동식물의 겨울나기 겨울철 건강과 안전 이웃과 함께하는 겨울 새해맞이와 놀이	☆체격 검사 ☆소방서 혹은 시민 안전체험관 견학 ☆안전 교육
1월	기계와 생활	편리한 생활도구 우리 주변의 기계 우리는 발명가 미래의 생활	☆과학관 혹은 천문대 견학
2월	초등학교에 가요	궁금한 초등학교 일학년이 되면 즐거웠던 어린이집 I 즐거웠던 어린이집 II	☆책 만들기 작품 전시회 ☆초등학교 견학 ☆졸업식

3. 월간 보육 계획안

월간 보육 계획안은 연간 보육 계획안을 토대로 구성되어지므로 경우에 따라서 특별히 작성하지 않을 수도 있다. 그러나 연간 보육 주제에서 선정된 주제 및 소주제를 참고해서 전년도 월간 보육 계획안의 실행 결과에 대한 평가를 기반으로 만든다. 월간 보육 계획안은 새로운 한 달이 시작되기 전 월별로 진행되는 전반적인 보육 일정, 행사와 견학 등의 일정을 한눈에 볼 수 있도록 한다.

4. 주간 보육 계획안

주간 보육 계획안은 한 주간의 보육 활동 계획서로서 활동 영역의 균형 및 통합을 고려하여 작성하며, 실내·외 자유 선택 활동, 대·소집단 활동 및 기본 생활 습관에 관한 보육 내용을 자세히 기록한다. 이때 일일 활동 중 자유 선택 활동과 대·소집단 활동의 균형 및 지난주 보육 내용과 다음 주 보육 내용과의 연계가 이루어져야 한다.

어린이집이나 보육 시설에서는 주간 보육 계획에 따라 보육 활동 동안의 각 영역별 주제에 맞는 교구를 선정하고, 그 주제에 적합한 활동 등을 택한다. 또한 주간 보육 계획은 어린이집의 한쪽 벽면이나 교실 한쪽에 게시하며, 환경 구성도 주간 계획안의 주제 변화에 따라 계획하는 것이 일반적이다.

주간 보육 계획안 작성 시 고려할 점

① 주간 보육 계획안은 연간 보육 계획안을 기반으로 작성하되, 전년도 주간 보육 계획안에서 실행하였던 활동 결과들에 대한 평가를 참고하여 작성한다.

② 영아를 위한 주간 보육 계획안을 작성할 때에는 영아의 전인적 발달 특성과 요구에 맞는 다양한 활동들을 발달 과제와 연계하여 선정한다. 그러므로 모든 활동을 주제와 관련지어서 제시할 필요는 없으며, 하루 일과를 중심으로 등원 및 맞이하기, 실내 자유놀이, 실외 자유놀이, 점심 및 낮잠, 기본 생활 습관 등으로 나누며, 일과별로 각각의 활동을 나타낸다. 실내 자유놀이 경우는 영아의 전인적인 발달을 고려하여 신체 영역, 언어 영역, 탐색 영역, 표현 영역 등으로 분류하고 각 영역별로 활동을 계획하여 제시한다. 실외 자유놀이의 경우는 각 어린이집들의 사정상 실외 놀이가 여의치 않을 때 이를 대치할 수 있는 대안적 방안으로 선정한다.

③ 유아를 위한 주간 보육 계획안은 신체, 언어, 정서, 사회, 인지적 발달이 통합적으로 이루어지도록 구성한다. 이때 유아의 발달 수준과 흥미도에 따라 선택하고, 활동의 속도를 조절할 수 있도록 한다. 또한 한 주간 동안 진행되는 보육 활동들을 요일별로 자유 선택 활동, 대·소집단 활동, 기본 생활 습관 활동으로 나누고 명확하게 제시한다. 그리고 활동의 지속 기간을 표시하여 하루 동안 진행되는 프로그램을 알 수 있도록 한다. 예를 들면, 수·과학, 음률, 실외 활동, 이야기 나누기, 문학·신체·미술 활동 등으로 구성한다.

④ 어린이집은 영·유아들이 장시간 동안 생활하는 곳이므로 보육 계획에 기본 생활 습관 형성 프로그램이 포함되도록 한다. 기본 생활 습관 지도는 일과 운영에 포함되어 있는 식사 지도, 배변, 낮잠 등의 활동과 청결, 자조, 정리정돈, 질서 등의 내용으로 영·유아들이 규칙적인 습관을 갖도록 구체적인 내용을 반복적으로 계획한다.

⑤ 한 활동에서 다른 활동으로 바꾸기 위해 소집단의 형태로 전이 활동을 짧게 넣을 수 있으며, 이때 주로 노래, 손 유희, 동시, 동작 활동 등으로 구성한다.

표 4-6 **0세 반 주간(월간) 보육 계획안**

■ **주 제** : 나-나 I

■ **다루어질 내용** : 자신의 몸에 관심을 가지고 신체의 움직임과 조절을 통해 할 수 있는 것을 발견하며 즐거움을 느낀다. 이를 통해 자신과 주변에 대한 탐색과 이해를 높이고, 타인과 다른 자신을 긍정적으로 경험함으로써 자아 존중감을 높여 간다.

<table>
<tr><th colspan="2" rowspan="2">시기</th><th colspan="2">1주</th><th colspan="2">2주</th><th colspan="2">3주</th><th colspan="2">4주</th></tr>
<tr><th>전기</th><th>후기</th><th>전기</th><th>후기</th><th>전기</th><th>후기</th><th>전기</th><th>후기</th></tr>
<tr><td colspan="2">등원
(7:30~9:00)</td><td colspan="8">영아의 건강 상태 관찰 및 부모님 전달 사항 확인
개별 활동 : 동물 손 인형으로 인사해 보아요. 곡물 마라카스(딸랑이)를 흔들어 보아요</td></tr>
<tr><td colspan="2">이유식 및 간식
(9:00~9:20)</td><td colspan="8">선생님과 함께 따뜻한 물에 손 씻어요! 수유/이유식 ①</td></tr>
<tr><td rowspan="4">오전 실내 자유놀이 (9:20 ~ 10:30)</td><td>신체</td><td colspan="2">선생님과 손, 발을 마주 대보아요</td><td colspan="2">소리 나는 깡통끌차를 끌어 보아요</td><td colspan="2">(안아주세요)
노래 들으며 선생님 품에 안겨 보아요</td><td colspan="2">선생님
다리비행기놀이</td></tr>
<tr><td>언어</td><td colspan="2">옹알이 놀이</td><td colspan="2">까꿍 판 사진 보며 내 이름, 친구 이름을 들어 보아요/이름 듣고 가리켜 보아요</td><td colspan="2">손 인형 놀이
('안녕', '사랑해요' '들어보아요')</td><td colspan="2">(흔들흔들)
노래를 들어 보아요 /몸을 흔들어 보아요</td></tr>
<tr><td>탐색/
표현</td><td>선생님 얼굴을 살펴보아요</td><td>거울 속 내 모습을 살펴보아요</td><td colspan="2">짝짝이 놀이</td><td colspan="2">색깔 투명한 까꿍 놀이</td><td colspan="2">토마토 탐색 놀이</td></tr>
<tr><td>기본
생활</td><td colspan="4">선생님 도움 받아 이를 닦아 보아요</td><td colspan="4">기분 좋게 기저귀를 갈아요</td></tr>
</table>

오전 실외 및 유희실 놀이 (10:30~11:00)	-실외 놀이 : 모래 담고 쏟기 놀이 -유희실 : 우레탄 블록 쌓고 무너뜨려요	-실외 놀이 : 모래 담고 쏟기 놀이 -유희실 : 악어, 늑대모양 스펀지 블록에 앉아 보아요/선생님 손잡고 걸어 보아요	-실외 놀이 : 모형 운전대 자동차 놀이 -유희실 : 원통 블록에 공을 넣어 보아요	-실외 놀이 : 물놀이 -유희실 놀이 : 선생님 도움 받아 악어시고를 타 보아요
이유식 및 점심 (11:00~12:00)	선생님과 함께 손을 씻어요! 이유식 ② (개별 수유)			
낮잠 및 조용한 놀이 (12:00~15:20)	내 이불을 찾아보아요		자장가 들으며 자리에 누워 보아요	
간식 (15:20~16:20)	선생님과 함께 손을 씻어요! 이유식 ③ (개별 수유)			
오후 실내 외 자유놀이 (16:20~17:20)	원통 블록 안에 작은 공을 넣고 쏟아 보아요	짝짝이 놀이	손 인형 놀이 ('안녕', '사랑해요' '들어보아요')	(흔들흔들) 노래 들으며 몸을 흔들어 보아요
저녁 (17:20~18:00)	선생님과 함께 손을 씻어요! 이유식 ④			
개별 활동 및 귀가 준비 (18:00~18:40)	선생님과 함께 개별 활동 · 선생님과 마주 보고 코코코 놀이 귀가 준비(귀가물품 챙기기, 씻기, 머리 빗기, 옷 입기)			
야간보육 (18:40~22:00)	개별 수유와 놀이			

표 4-7 1세 반 주간 보육 계획안

- **실시 기간** : 5월 1주
- **주 제** : 재미있게 놀이해요-재미있는 놀잇감
- **목 표** : 어린이집의 놀잇감을 탐색해 보고 놀이를 통해 즐거움을 느낀다.

<table>
<tr><th colspan="2">시기</th><th>월</th><th>화</th><th>수</th><th>목</th><th>금</th></tr>
<tr><td colspan="2">등원
(8:00~9:10)</td><td colspan="5">놀이실에 들어와서 좋아하는 놀잇감을 찾아보아요
영아의 건강 상태 및 부모님 전달사항 확인</td></tr>
<tr><td colspan="2">간식
(9:10~9:30)</td><td colspan="5">간식 먹으며 좋아하는 놀잇감을 생각해 보아요
간식 상 앞에 앉아 맛있게 간식 먹기/간식을 다 먹은 후 접시 정리하기</td></tr>
<tr><td rowspan="5">오전
실내
자유
놀이
(9:30
~
10:20)</td><td>신체</td><td colspan="5">영아용 블록을 끼워 보아요→
리본 테이프 밑으로 지나가 보아요→</td></tr>
<tr><td>언어</td><td colspan="5">『어린이집 블록 놀이』 그림책 보며 이야기해요→
놀잇감 그림책 보며 놀잇감 이름 듣고 말해 보아요→</td></tr>
<tr><td>탐색</td><td colspan="5">에어캡 손으로 눌러 보고 발로 밟아 보아요→</td></tr>
<tr><td>표현</td><td colspan="5">솜방망이로 깡통북을 두드려요→
큰 종이에 도트물감을 찍어 보아요→</td></tr>
<tr><td>기본
생활</td><td colspan="5">선생님과 함께 놀잇감 자리를 찾아 보아요→</td></tr>
<tr><td colspan="2">전이
(10:20~10:30)</td><td colspan="5">'모두 제자리' 노래 들으며 선생님 앞에 모여 앉아요</td></tr>
<tr><td colspan="2">오전 신체 활동
놀이(유희실)
(10:30~11:10)</td><td colspan="5">끈 달린 풍선으로 놀아요
솜방망이로 실외 놀이터에 있는 것을 두드려 보아요</td></tr>
<tr><td colspan="2">점심 식사
(11:10~12:30)</td><td colspan="5">점심식사 후 "다 먹었어요"라고 말해요
선생님이 이 닦아줄 때 입을 크게 벌려요</td></tr>
<tr><td colspan="2">낮잠 및 조용한
놀이
(12:30~15:30)</td><td colspan="5">전래 자장가 들으며 잠들어요</td></tr>
<tr><td rowspan="2">오후
실내
자유
놀이
및</td><td>신체</td><td colspan="5">영아용 블록을 끼워 보아요→
리본테이프 밑으로 지나가 보아요→</td></tr>
<tr><td>언어</td><td colspan="5">『어린이집 블록 놀이』 그림책 보며 이야기해요→
놀잇감 그림책 보며 놀잇감 이름 듣고 말해 보아요→</td></tr>
</table>

간식 (15:30~ 17:00)	탐색	에어캡 손으로 눌러보고 발로 밟아 보아요→
	표현	솜방망이로 깡통북을 두드려요→ 큰 종이에 도트물감을 찍어 보아요→
오후 유희실 놀이 (17:00~17:40)		끈 달린 풍선으로 놀아요 솜방망이로 실외 놀이터에 있는 것을 두드려 보아요
전이 및 귀가 준비 (17:40~18:00)		귀가 준비 및 귀가
저녁 식사 및 통합보육 (18:00~20:00)		저녁 식사 및 편안한 놀이
비고		☆영아들이 어린이집에서 갈아입은 옷 등을 담아서 가정으로 가져갈 수 있도록 장바구니나 천 가방을 보내주시기 바랍니다. ☆영아들이 가정으로 가져가야 할 것들을 장바구니나 천가방에 담아 옷걸이 밑에 보관하고 있으니 하원 시 가져가시기 바랍니다.

표 4-8 2세 반 주간 보육 계획안

- **실시 기간** : 10월 4주
- **주제** : 동물-동물처럼 해봐요
- **목표** : 동물의 움직임과 소리에 관심을 가지고 다양한 방법으로 표현해요.

<table>
<tr><th colspan="2">시기</th><th>월</th><th>화</th><th>수</th><th>목</th><th>금</th></tr>
<tr><td colspan="2">등원
(8:00~9:10)</td><td colspan="5">선생님, 친구들과 반갑게 인사하기
병아리반에서 오전 통합 보육 : 선생님과 함께 책 보기, 동물 카드 수수께끼</td></tr>
<tr><td colspan="2">간식
(9:10~9:30))</td><td colspan="5">스스로 손 씻기/간식 먹은 접시 스스로 정리하기
“잘 먹겠습니다. 잘 먹었습니다.” 인사하기</td></tr>
<tr><td rowspan="6">오전
실내
자유
놀이
(9:30
~
10:20)</td><td>신체</td><td colspan="5">동물그림을 보고 몸으로 흉내 내기---➤ 동물 꼬리 달고 동물처럼 움직여 보기---➤
종이 벽돌로 동물원 만들기---------➤</td></tr>
<tr><td>언어</td><td colspan="5">사진 보면서 동물 이름 말해 보기---------➤
『강아지 똥』, 『누가 내 머리에 똥 쌌어?』 동화 보기---------➤</td></tr>
<tr><td>탐색</td><td colspan="5">색깔 애벌레 연결하기-----➤ 수족관 열대어 살펴보기-----➤
동물 퍼즐 맞추기-----➤</td></tr>
<tr><td>표현</td><td colspan="5">점선 따라 동물 그리고 색칠해 보기---➤ 동물 가면 만들기-----➤
물감으로 동물 발자국 찍기---------➤</td></tr>
<tr><td>극화</td><td colspan="5">동물을 돌보아 줘요-----➤ 동물 가면 쓰고 동물 흉내 내기-----➤
(재워 주기, 목욕시켜 주기, 아픈 동물 치료해 주기)
동물원으로 소풍을 가요-----➤</td></tr>
<tr><td>기본
생활
습관</td><td colspan="5">‘혼자서 할 수 있어요’
(혼자서 양말을 신고 벗을 수 있어요)</td></tr>
<tr><td colspan="2">전이
(10:20~10:30)</td><td colspan="5">손 유희-코끼리와 거미줄
이름이 불리면 화장실 다녀오기/선생님과 함께 유희실·실내외 나가기</td></tr>
<tr><td rowspan="2">오전
신체
활동
놀이
(10:20~
11:30)</td><td>대
근육</td><td colspan="5">동물 꼬리잡기-----➤자루에 들어가 캥거루처럼 뛰어 보기-----➤
에어매트 위를 동물(캥거루, 악어, 토끼, 거북이)처럼 걸어보기/
뱀처럼 기어보기-----➤</td></tr>
<tr><td>탐색</td><td colspan="5">수족관 열대어 살펴보기-----➤
〈생태계 자연 박물관〉 비디오 보면서 동물의 생김새와 움직임 관찰하기
-----➤</td></tr>
</table>

<table>
<tr><td colspan="2">점심 식사
(11:10~12:30)</td><td>소매 걷고 손 비누칠 하여 깨끗하게 손 씻기
반찬 골고루 먹어보기/식사 후 식판 정리하기</td></tr>
<tr><td colspan="2">낮잠 및
조용한 놀이
(12:30~15:30)</td><td>조용한 음악 들으며 낮잠 자기/그림책 보기, 조용한 놀이하기
낮잠 후 몸을 길게 늘려 기지개 켜 보기</td></tr>
<tr><td rowspan="5">오후
실내
자유
놀이
및
간식
(15:30~
17:00)</td><td>신체</td><td>동물 그림 보고 몸으로 흉내 내기---➢동물 꼬리 달고 동물처럼 움직여 보기
---➢
종이 벽돌로 동물원 만들기---➢</td></tr>
<tr><td>언어</td><td>사진을 보면서 동물 이름 말해 보기---➢
『강아지 똥』, 『누가 내 머리에 똥 쌌어?』 동화 보기---➢</td></tr>
<tr><td>탐색</td><td>색깔 애벌레 연결하기---➢수족관 열대어 살펴보기---➢
동물 퍼즐 맞추기---➢</td></tr>
<tr><td>표현</td><td>점선 따라 동물 그리고 색칠해 보기---➢동물가면 만들기---➢
물감으로 동물 발자국 찍기---➢</td></tr>
<tr><td>극화</td><td>동물을 돌보아 줘요---➢동물 가면 쓰고 동물 흉내 내기---➢
(재워주기, 목욕시켜 주기, 아픈 동물 치료해 주기)
동물원으로 소풍을 가요---➢</td></tr>
<tr><td colspan="2">오후
유희실 놀이
(17:00~17:40)</td><td>동물 꼬리잡기---➢자루에 들어가 캥거루처럼 뛰어 보기---➢
에어매트 위를 동물(캥거루, 악어, 토끼, 거북이)처럼 걸어 보기/
뱀처럼 기어 보기---➢</td></tr>
<tr><td colspan="2">전이 및
귀가 준비
(17:40~18:00)</td><td>깨끗한 옷차림으로 귀가 준비하기</td></tr>
<tr><td colspan="2">저녁 식사 및
통합보육
(18:00~20:00)</td><td>저녁 식사 및 휴식
개별 자유 선택 활동</td></tr>
<tr><td colspan="2">비고</td><td>☆하원 시 개인 서랍장을 확인해 주시기 바랍니다.
☆저녁 6시 30분부터 8시까지는 파랑새반에서 통합 보육이 이루어집니다.
☆어린이집 홈페이지에서 병아리반 주간 보육 계획안을 보시고 영아들이 어떤 활동을 하며, 준비물이 무엇인지 관심을 가져주시기 바라며, 영아들의 활동과 놀이가 잘 이루어질 수 있도록 부모님의 협조를 부탁드립니다.</td></tr>
</table>

표 4-9 **3, 4세 반 주간 보육 계획안**

- **실시 기간** : 1월 2주
- **주제** : 도구와 기계-도구와 기계를 사용해 보아요!
- **목표** : 도구와 기계를 안정하게 다루어보고, 기계 사용으로 인해 발생하는 문제점에 대해 알아본다.

시기		월	화	수	목	금
등원 (8:00~9:10)		부모님과 인사하고 헤어지기				
개별활동 및 간식 (9:10~9:30))		어린이집에서 사용하는 기계 찾아보기				
오전 실내 자유 놀이 (9:30 ~ 10:50)	극화	가전제품 사용하여 집안일 하기(세탁기, 다리미, 청소기, 전기밥솥, TV 등 소품 추가) 신체검사 놀이(체중계, 줄자, 키 재기 등)--------➢				
	쌓기	공사장에 왔어요 (볼트와 너트 대형 세트 추가, 목공 놀이 세트 추가)--------➢				
	언어	동화 짓기 : 작은 집 이야기/작은 집 이야기 녹음하기--------➢ 동화 공연(인형극 틀 이용)--------➢ 그림책 『작은 집 이야기』, 『돌로 끓인 국』, 『야! 우리 기차에서 내려』, 『뚝딱뚝딱 수리공 하마 군』, 『공사장 』, 『어떻게 만들어요?』, 『이상한 집』				
	미술	펀치와 리본 테이프를 이용한 만들기--------➢ 공사장 소품 만들기--------➢				
	음률	'무얼 만들까?', '주전자' 노래 부르기--------➢ '악기 놀이' 노래 부르며 주방 도구 연주하기--------➢ (악기 그림 사가판 이용)				
	수· 과학	사면체 주사위 게임 '무엇을 사용할까?'--------➢ (청소할 때, 공사할 때, 요리할 때, 3*3 게임판 이용) 컴퓨터에서 검색해요(기계의 쓰임, 공사 모습 등)--------➢ 코팅기 사용해보기(내가 그린 그림동화/검색 내용)--------➢				

<table>
<tr><td></td><td>기본 생활</td><td colspan="5">콘센트와 스위치를 안전하게 사용해요</td></tr>
<tr><td colspan="2">전이
(10:50~11:00)</td><td colspan="5">'무엇을 만들까?' 노래 부르며 필요한 도구 말해 보기</td></tr>
<tr><td colspan="2">대 · 소집단
(11:00~11:20)</td><td>(동화)
'작은집 이야기'</td><td>(수 · 과학)
손, 발, 우리 몸을 이용해서 재어보아요</td><td>(오솔길 산책)
주변 오솔길 산책하기</td><td>(신체 표현)
할아버지 목공</td><td>(이야기 꾸미기)
(생각 모으기)
'무엇일 필요할까?'
('배가 된 우산')]
이용</td></tr>
<tr><td colspan="2">오전 실외 및 유희실 놀이
(11:20~12:00)</td><td colspan="5">(탐색)두드려서 나는 소리-------➢(음률)-------➢
난타(실외 놀이터 물건 및 주방용품)
(물 · 모래)공사장 놀이-------➢터널 만들기-------➢</td></tr>
<tr><td colspan="2">점심 식사
(12:00~13:00)</td><td colspan="5">점심 식사 전 손 깨끗이 씻기/손 씻은 후 물 잠그기</td></tr>
<tr><td colspan="2">낮잠 및 조용한 놀이
(13:00~15:30)</td><td colspan="5">조용한 음악 들으며 잠들기</td></tr>
<tr><td colspan="2">전이 및 간식
(15:30~16:00)</td><td colspan="5">오늘 간식은 어떤 도구와 기계를 사용하여 만들었는지 말해 보기</td></tr>
<tr><td colspan="2">오후 유희실 놀이
(16:00~16:40)</td><td colspan="5">(수/게임)숫자 탁구공 옮기기</td></tr>
<tr><td rowspan="4">오후 실내 자유 놀이
(10:20~11:30)</td><td>극화</td><td colspan="5">가전제품 사용하여 집안일하기(세탁기, 다리미, 청소기, 전기밥솥, TV 등 소품 추가)
신체검사 놀이(체중계, 줄자, 키 재기 등)-------➢</td></tr>
<tr><td>쌓기</td><td colspan="5">공사장에 왔어요(볼트와 너트 대형 세트 추가, 목공 놀이 세트 추가)-------➢</td></tr>
<tr><td>언어</td><td colspan="5">동화 짓기 : 작은 집 이야기 -------➢
동화 공연(인형극 틀 이용)-------➢</td></tr>
<tr><td>미술</td><td colspan="5">펀치와 리본 테이프를 이용한 만들기-------➢
공사장 소품 만들기-------➢</td></tr>
</table>

	음률	'무엇을 만들까?', '주전자' 노래 부르기┈┈➢ '악기 놀이' 노래 부르며 주방 도구 연주하기┈┈➢ (악기 그림 가사판 이용)
	수· 과학	사면체 주사위 게임 '무엇을 사용할까?'┈┈➢ (청소할 때, 공사할 때, 요리할 때, 3*3 게임판 이용) 자로 교실의 물건을 재어 보아요┈┈➢
전이 및 귀가 준비 (17:50~18:00)		놀잇감 정리 정돈/화장실 다녀오기/깨끗하게 손 씻기 내가 만든 만들기 소개하기
저녁 식사 및 통합보육 (18:00~20:00)		사면체 주사위 게임 (미술)내가 만든 '도구와 기계' 책(가전제품, 도구 사진)
비고		☆이번 주 수요일에 오솔길로 산책 갑니다. 아이들의 안전에 각별히 주의하도록 하겠습니다. 날씨가 쌀쌀하니 겉옷을 입혀 보내주세요. ☆금요일에 유아 이불을 드리니 세탁하여 월요일 아침에 보내주세요.

표 4-10 5세 반 주간 보육 계획안

- **실시 기간** : 9월 4주
- **주제** : 세계 속의 우리나라-세계 여러 나라의 생활
- **목표** : 다른 나라의 생활방식, 예술, 문화유산 등을 알아보고 체험해 봄으로써 세계 여러 나라는 각기 다른 자연환경에 적합한 생활방식과 문화를 가지고 있음을 알고, 각 나라의 문화를 존중하는 마음을 가진다.

시기		월	화	수	목	금
기본 생활		다른 나라 문화 존중하기				
등원		선생님과 친구들에게 반갑게 인사하기				
오전 실내 자유 놀이	쌓기놀이	직업 막대 인형 놀이-------➢ (내가 만든 막대 인형, 직업 손 인형 활용) (하나라도 백 개인 사회)동극-------➢ (내가 되고 싶은 직업 의상 꾸미기/역할 정하기/동극하기)				
	역할놀이	블록으로 우리 동네 기관 구성하기-------➢ (기관 사진, 간판 활용) (하나라도 백 개인 사과)동극 무대 만들기-------➢ (여러 가지 블록으로 무대, 의자 구성하기)				
	미술	(하나라도 백 개인 사과)-------➢ 테이블 동화 듣기 단어 카드 이용한 문장 구성하기-------➢ (사람, 기관 명, 동사 카드 활용) 여러 가지 직업 빙고 게임-------➢				
	언어	직업 막대 인형 만들기-------➢동극에 필요한 소품 만들기-------➢ (여러 가지 직업 의상/소품/동극 무대 배경)				
	수·과학	'나는 나는 자라서' 노래 부르기-------➢(어떤 직업일까요?)-------➢ (신체를 이용한 직업 수수께끼)				
	음률	여러 가지 직업 블루마블 게임-------➢ 과학 실험(색의 혼합)-------➢ (물감, 스포이트, 시험관 이용)				

대 · 소집단	먼먼 나라에 대한 재미있는 수수께끼	이야기 나누기 : 다른 나라 사람들은 무엇으로 먹을까?	신체 표현 : 우리 모두 국수가 되어 보자	동화 : 일본의 주먹밥 할아버지와 혹부리 영감	이야기 나누기 : 집은 다 다르고 특별해요 미술 : 여러 나라 집 만들기
실외 활동	인디언 춤 지비아의 놀이 : 행운의 막대기				
점심 및 휴식	숟가락, 젓가락을 바르게 사용하기 여러 나라의 조용한 음악을 들으며 휴식하기				
오후 자유 선택 활동	세계의 비슷한 악기들 추운 나라의 집, 더운 나라의 집				
귀가 및 가정과의 연계	다른 나라의 물건, 소품 가져와 소개하기 세계 민속 박물관 견학				
비고	☆가능한 활동 간 연계의 예 • (역할놀이) 여러 나라 음식점 놀이 ⇒ (오전 언어) 여러 나라의 음식 책 만들기, (대 · 소집단)이야기 나누기 : 다른 나라 사람들은 무엇으로 먹을까? ⇒ (역할) 세계 여러 나라 요리대회 • (오전 수 · 과학) 세계의 다양한 국수에 대해 알아 보아요(오전 수 · 과학) 요리 다양한 국수 요리 ⇒ (대 · 소집단) 신체 표현 : 우리 모두 국수가 되어 보자 ⇒ (역할) 세계 여러 나라 요리대회 • (쌓기) 건축물 구성하기 ⇒ (오후)추운 나라의 집, 더움 나라의 집 ⇒ (대 · 소집단) 이야기 나누기 : 집은 다 다르고 특별해요. 미술 : 여러 나라 집 만들기 • (오전 음률) 세계의 악기 오케스트라 ⇒ (오후) 세계의 비슷한 악기들 ⇒ (오전 미술) 세계의 악기 만들기 ⇒ (오전 음률) 세계의 전통 음악과 춤을 즐겨요				

5. 일일 보육 계획안 및 보육 실습 일지

어린이집의 보육 계획을 일별로 기록하는 일일 보육 계획은 주간 보육 계획에서 주제를 계획하고 목표를 세운 후 해당 주제에 맞는 일일 계획을 실행한다. 이때 영·유아들의 흥미와 활동에 대한 반응 등을 고려하여 영·유아들과 하루를 어떻게 보낼 것인지를 계획한다. 실행 후에는 실제 진행된 활동 및 일과를 함께 기록하여 다음 보육 계획에 반영한다.

보육 실습 일지는 실습을 받는 학생과 실습 지도자가 함께 작성하는 것으로 실습생은 하루의 보육 업무 및 아이들의 활동 내용을 운영시간의 흐름으로 기록한다. 이때 일상 생활 지도나 특이 사항에 대해서는 추가하여 기록하며, 실습 과정에서 활용했던 교육 자료나 보육 활동 시의 유의 사항과 활동 소감까지 기록하는 것이 좋다. 실습 완료 후에는 실습생의 자기평가도 작성하며, 지도자는 조언과 기타 교육 내용 등을 작성한다.

일일 보육 계획안 및 보육 실습 일지 작성 방법

일일 보육 계획안 작성법

① 일일 보육 계획안은 주간 보육 계획안을 바탕으로 주제 전개의 효율성, 활동의 난이도 등을 고려하여 보육 활동을 계획한다.

② 영·유아의 개인적 요구 및 교사의 보육 활동 목표, 그리고 어린이집의 특성을 반영하여 정적 활동, 동적 활동, 실내 놀이와 실외 놀이가 균형 있게 이루어지도록 한다. 일상생활, 놀이시간 정리 정돈, 점심 및 간식 등을 포함하여 영·유아 개개인에게 맞도록 융통성 있는 계획과 실행을 해야 하며 무엇보다 일관성이 있어야 한다.

③ 교사와 영·유아, 영·유아와 영·유아, 영·유아와 교구와 같은 다양한 유형의 상호작용이 일어날 수 있도록 계획한다.

④ 영·유아가 주도적이고 독립적으로 놀이할 수 있도록 배려하고, 충분한 탐색

시간을 갖도록 한다. 영·유아의 탐색과 놀이가 활발하게 일어날 수 있도록 주간 계획에서 선정된 활동을 확장해 주고, 반응하면서 반복적으로 활동을 실행한다. 이때 영·유아의 행동을 관찰하여 다음 날의 계획에 반영하도록 한다.

⑤ 영·유아가 심리적인 안정감을 가질 수 있도록 개별적인 상황을 고려하여 보육 활동을 계획하고 실행한다.

실습 일지 작성법

① 실습 일지는 하루 일과가 끝난 후에 하루 동안 실시 진행되었던 활동을 기록한다. 그리고 계획하지는 않았으나 영·유아의 관심에 따라 진행되었던 활동은 색깔 있는 펜으로 기록하여 차이를 알아볼 수 있도록 하고, 주간 보육 계획안에도 표시를 해두어 다음 해의 주간 보육 계획에 참고 자료로 활용할 수 있도록 한다. 계획안에 따라 매일 진행된 활동은 전체적으로 평가하여 평가란에 간단히 기술한다. 그날 실시된 활동의 평가 기록은 영·유아들에게 신체적, 언어적, 정서적, 인지적, 사회적 활동이 적절히 안배될 수 있도록 하여 보다 균형 잡힌 보육 활동이 진행될 수 있도록 한다. 각 활동의 성취도, 적절성, 문제점 등을 파악하여 다음 보육 활동에 대한 참고 자료로 활용한다.

② 보육 실습 일지는 날짜, 날씨, 결재란, 주제, 소주제, 일일목표, 일과 운영에 따른 보육 내용, 보육 실습생 소감, 조언 등으로 구성되어 있으며, 지도교사는 보육 실습 기간 동안 보육 실습생이 작성한 일지를 점검하고 지도한다(보육자격관리사무국, 2009).

표 4-11 **실습 일지 양식(예)**

<table>
<tr><td>날 짜</td><td>월 일 요일</td><td rowspan="2">결 재</td><td>실습생</td><td>교사</td><td>원장</td></tr>
<tr><td>날 씨</td><td></td><td>印</td><td>印</td><td>印</td></tr>
<tr><td>주 제</td><td></td><td></td><td></td><td></td><td></td></tr>
<tr><td>소주제</td><td></td><td></td><td></td><td></td><td></td></tr>
<tr><td>일일
목표</td><td></td><td></td><td></td><td></td><td></td></tr>
<tr><td>시간</td><td colspan="2">활동명</td><td colspan="2">활동 내용</td><td>비 고</td></tr>
<tr><td></td><td colspan="4"></td><td rowspan="3"></td></tr>
<tr><td></td><td colspan="4"></td></tr>
<tr><td></td><td colspan="4"></td></tr>
<tr><td>실습생
소감</td><td colspan="5"></td></tr>
<tr><td>지도
교사
조언</td><td colspan="5"></td></tr>
</table>

용어 설명

☆ 날짜, 날씨, 결재란

보육 실습을 진행한 날짜와 요일을 기록하고, 그날의 날씨 특성과 일과 운영과의 관련성을 기록하고, 결재란은 일과 운영이 진행된 사실 그대로 기록되었음을 증명하므로 보육 실습생, 지도교사, 원장이 날인한다.

☆ 주제, 소주제 및 일일 목표

당일 보육 내용의 핵심이라 할 수 있는 생활 주제, 소주제 및 일일 목표 등을 명시한다.

- 생활 주제, 소주제는 월(주)간 계획안을 참고한다.
- 일일 보육 활동 목표는 그날의 학급 운영 목표에 해당하는 내용으로 당일 일과를 시작하기 전에 지도교사로부터 확인한다.

☆ 일과 운영에 따른 보육 내용

보육 실습 일지는 실습 기간 동안 자신들의 보육 실습 내용을 정리 및 분석하여 반성하는 기록지로서 실습 지도교사와의 의사소통의 장이라 할 수 있다. 학급에서 이루어지는 보육 활동을 일과 운영의 흐름에 따라 구체적으로 기록한다.

- 일과 운영 시간의 흐름에 따른 보육 활동 내용을 기록한다.
- 일과에 참여해 관찰하면서 활동명, 자료, 활동 방법을 기록하되 보육 실습생에게 의미 있었던 과정 및 내용들을 구체적으로 기록한다.
- 흥미 영역별로 영·유아의 놀이 형태와 교사의 지도 내용을 기록한다.
- 영·유아와 교사간의 상호작용과 갈등의 해결 방안 및 행동 지도를 관찰, 기록한다.
- 급·간식, 낮잠, 배변 등의 생활지도를 영·유아 행동과 그에 따른 교사의 대처기술 및 상호작용 방법을 중심으로 관찰, 기록한다.

보육 실습 일지의 기록 방법에 대해 지도교사와 충분한 협의를 하고 작성한다. 즉, 과도한 생략 및 구체성이 부족한 기록 등은 실습생의 반성적 사고 과정과 실천적 지식의 형성을 어렵게 할 수 있으므로 적정한 수준 이상으로 상세한 기록을 한다.

☆ **실습생 소감**

하루 동안의 보육 활동에 대한 관찰, 참여, 지도를 경험하면서 느낀 소감이나 의문 사항을 기록하되, 아래와 같은 내용에 특별히 주의를 기울이며 반성적 사고를 할 수 있도록 한다.

- 실습 지도교사가 요청한 업무 수행 시 배운 점
- 보육 활동 중 새롭게 발견한 영·유아의 발달적 특성에 대한 내용
- 하루 일과 중 인상 깊게 느꼈던 교사와 영·유아간의 상호작용에 대한 내용
- 보육 활동 중 실습생으로서의 역할과 자세에 대한 자기평가
- 활동 지도 시 예상했던 대로 되지 않았던 원인 분석 내용
- 기타 일과 운영 및 상호작용에 대해 궁금한 사항

☆ **실습 지도교사의 조언**

지도교사는 그날의 실습생 역할에 따른 활동을 관찰 지도한 내용, 실습생의 소감을 바탕으로 조언을 적는다. 이때 실습생이 소감을 솔직하게 적을 수 있도록 수용적이고 신뢰할 수 있는 분위기 조성을 위해 실습생의 강점과 잠재력을 언급하되, 지도교사는 아래와 같은 내용에 특별히 주의하며, 조언하여 멘토(mentor)로서의 역할 수행을 한다.

- 그날의 실습생 역할 수행, 태도 등에 대한 평가
- 영·유아의 행동 관찰 지도 및 놀이 지도에 대한 실습생의 협력 요구하기
- 소감란에 기록한 실습생의 질문에 대해 답하기
- 실습생의 어려움에 대한 공감과 용기 북돋우기
- 실습생이 더욱 명확하고 깊이 사고하도록 되물어 보기

※ 일일 보육 계획안 예(1)

표 4-12 만 1세 반 일일 보육 계획안 및 보육 일지

■ 주　제 : 소주제-동물처럼 해봐요!!　　■ 일　시 :　　년　　월　　일
■ 기록자 :　　■ 출석 : 10명　　■ 결　석 :

<table>
<tr><th colspan="2">구분</th><th colspan="2">계획된 활동</th><th>실시된 활동</th><th>평가</th></tr>
<tr><td colspan="2">등 원</td><td colspan="2">내가 좋아하는 동물 책을 읽어요!
내가 좋아하는 동물 흉내를 내요!</td><td>• 영아와 인사하고 건강 체크
• 편안한 옷으로 갈아입기/스스로 바지 벗어 보기/갈아입은 옷을 옷장에 넣어 보기
• 언어 매트에 앉아서 책 읽기 『강아지가 멍멍』, 『동물』 등</td><td>○○가 생일 케이크를 가져오자 △△가 자기 것이라고 울기 시작함. 5분 정도 울고 간식 먹자고 하니 울음 그침</td></tr>
<tr><td colspan="2">간식</td><td colspan="2">혼자서 간식을 먹어 봐요!</td><td>• 스스로 화장실에 가서 손 씻기/비누를 혼자서 짜 보기/수돗물 잠그기/혼자서 죽 먹어 보기</td><td>오전 간식인 죽을 영아들이 거의 스스로 떠먹어 봄</td></tr>
<tr><td rowspan="2">오전 실내 자유 놀이</td><td>신체</td><td>동물 모자 쓰고 동물 흉내를 내봐요!</td><td>=목표=
• 동물의 움직임을 몸으로 표현해 본다
=계획=
• 영아들과 다양한 동물 모자를 써보고, 동물 모자를 착용하는 것이 익숙해지면 동물 흉내를 내보는 놀이, 영아들에게 익숙한 노래를 부르며 흉내 내기</td><td>• 모형 동물에게 먹이 주기
• 레고 블록으로 동물원 만들기
• 종이 벽돌 블록으로 자동차를 만들어 타고 동물원/회사에 가요
• 종이 벽돌 블록을 쌓고 무너뜨림
• 동물 모자를 쓰고 놀이함</td><td></td></tr>
<tr><td>언어</td><td></td><td></td><td>• 선생님과 함께 『삐약삐약 병아리』, 『강아지가 멍멍』 책을 읽음
• 동물 손 인형으로 동물 흉내를 냄</td><td></td></tr>
</table>

탐색	동물 에게 집게로 먹이를 줘요!	=목표= • 소근육 발달을 돕는다. • 눈과 손의 협응을 돕는다. =협응= • 처음에는 손으로 동물에게 먹이를 주고, 익숙해 진 후에는 집게를 이용	• 사자와 원숭이에게 먹이를 줌 • 동물 촉감 퍼즐 맞추기 • 블록으로 코끼리와 기린 만들기	아직은 집게를 사용하지 않고 손을 사용함
표현			• ‘OO는 어디 있나’노래 부르며 바닥에 붙은 동물 찾아 봄 • ‘동네 한 바퀴’노래를 개사하여 영아들과 빙글빙글 돌며 동물 찾아 봄 • 크레용으로 긁적이고 스티커 붙이며 생일 카드를 꾸몄음 • 가위로 얇은 종이를 잘라 봄 • 칼로 음식 모형(커팅푸드) 잘라 봄 • 냄비에 음식 넣어 동물 먹이 줌 • 앞치마 입고 요리하는 흉내 내 봄 • 구두 신고, 가방 메고 회사 가는 흉내 내 봄	○○이의 생일날이어서 영아들과 생일카드를 꾸며 보았음. 또 바닥에 붙은 동물을 찾아보는 놀이는 여전히 좋아하였음. 특히 ‘동네 한바퀴’를 개사해서 불러주었는데 재미있어 함
기본 생활	선생님 도움을 받아 양말을 신어요!	=목표= • 눈과 손의 협응을 돕는다 • 소근육 발달을 돕는다 • 자조기술 발달을 돕는다	• 자기 서랍장에서 양말 꺼내 보기 • 선생님 도움 받아 양말 신어 보기 • 스스로 양말 벗어 보기 • 벗은 양말 서랍장에 넣기	이제는 제법 영아들이 스스로 양말을 신어 보려고 함

전이	'어린 송아지'노래 부르며 엄마, 아빠 넣어 불러요!	• 다 함께 카펫 위에 모여 앉아 봄 • 다 함께 모여 앉아 '곰 세 마리' 노래를 불러봄 • 외투 입으며 실외 놀이 준비 함	
오전 실외 및 실내 놀이터 자유놀이	낙엽 밟으며 낙엽 소리 들어 봐요! =목표= • 변화된 날씨를 직접 느껴본다 • 오감각을 이용하여 탐색해본다 =계획= • 영아들과 공원에 나가 변화된 나무 등을 살펴보고 낙엽 줍기, 낙엽 밟아 보기 등을 진행할 예정	• 4층 나비 아트센터 '명화가 살아 있다' 관람	비디오 아트라 움직임이 있어 영아들이 재미있어 하였고, 영아들에게 친숙한 사물들이 많이 나와 좋았음
점심 식사	개별적으로 선생님 도움을 받으며 점심 먹어요! 점심식사 후 세수 및 이 닦아요!	• 선생님 도움 받아 소매 올려 보기 • 수도꼭지를 틀고 손 닦아 보기 • 선생님 도움 받아 앞가리개 입어 보기 • 자리에 앉아 식사하기 • 포크로 반찬 찍어서 스스로 먹기 • 선생님이 떠주신 밥숟가락 혼자서 먹어 보기 • 다 먹은 후 "잘 먹었습니다"인사하기	영아들이 대부분 식사량이 많았고 가리지 않고 먹음 혼자서도 숟가락과 포크를 사용해 먹는 모습을 보임
낮잠	자기 이불, 베개 찾아 자리에 누워 봐요. 조용한 음악 들으며 편안하게 낮잠 자요!	• 거울 보며 로션 바르기 • 자기 이불과 매트 위에 베개 놓아 보기 • 자리에 누워서 이불 덮기 • 선생님 토닥임을 받으면서 낮잠 자기 • 조용한 음악 들으며 낮잠 자기	피곤했는지 자신의 매트 위에 누워 곧바로 잠들었으며, 3시까지 푹 자고 일어나는 모습이었음

오후 실내 · 외 자유놀이		• 오후 일과 시간에는 동물에 관련된 놀이보다는 영아들이 평소에 즐겨하는 놀이가 진행되었음	유희실 놀이 때 약간 흥분된 상태여서 안전하게 놀이할 수 있도록 중점을 둠
전이 및 귀가		• 세안하기, 로션 바르기 • 옷 입기 • 혼자 입을 수 있는 옷 입어 보기 • 조용한 놀이하기	혼자서 하는 것에 대한 관심을 많이 보임
저녁 식사 및 야간보육	저녁 식사 및 휴식	• 스스로 숟가락 사용하여 밥 먹기 • 반찬 골고루 먹어보기 • 두 손으로 컵에 든 물 마셔보기 • 다 먹은 후 앞가리개 벗어보기	
종합 평가	최근에 '엄마, 아빠' 역할 놀이에 큰 관심을 보이며 극 놀이를 하는 것을 좋아하여 오늘도 '엄마, 아빠' 가작화 놀이를 진행해 보았음. 영아들의 관심에 맞추어 내일은 동물 가족 놀이를 중심으로 진행하면 더욱 흥미로워할 것으로 예상됨. 그리고 최근엔 영아들이 스스로 무언가 해 보고 싶어 하므로 자조적 활동을 늘려서 영아들의 효능감을 높일 수 있도록 배려 해야겠음		

표 4-13 만 3, 4세 반 일일 보육 계획안 및 보육 일지

■ **주 제** : 형, 언니가 되었어요! ■ **소주제** : 선생님 고맙습니다 ■ **일 시** : 년 월 일
■ **기록자** : OO ■ **출 석** : OO명 ■ **결 석** : 1(OOO)

구분		계획된 활동		실시된 활동	평가
		활동 명	활동 목표 및 계획		
등 원		선생님께 '사랑해요'라고 아침인사하기		• 주말 동안 지낸 이야기 나누기 • 선생님 안아주고 조용한 놀이하기	주말을 지내고 와서 대부분의 아이들이 기분 좋게 등원
간식		손 씻기 및 간식 먹기 (흰살생선죽)		• 내가 먹은 간식 그릇 정리하기	
오전 실내 자유 놀이 선택 활동	극화	꾀꼬리반 뉴스 놀이	=목표 : 지난주의 놀이를 회상하며 놀이에 즐겁게 참여함 =계획 : 방송순서 정하고 억할 나눠서 놀이하기, 아나운서, 요리사 등 방송에 맞춰 지난 놀이들 재현	• 꾀꼬리 반 방송국 놀이 : 뉴스 스튜디오 구성하고 방송 순서 정하기/테이블에 앉아 인터뷰하기(언어 영역 활동과 연계)/요리 프로그램(멜론케이크 만들기) • 엄마, 아빠놀이 : 배 속에 아기인형 넣고 아기 낳고, 돌보기 놀이	지난주의 놀이에서 이번 주 언어영역의 메시지 남기기 놀이가 자연스럽게 연계되어 방송국 놀이 활동이 원활하게 이루어진 것으로 보임. 동생들이 생기는 아이들이 점점 많아져서인지 인형을 뱃속에 넣고 엄마 흉내를 내는 아이들이 종종 있음
	쌓기	방송국 구성하기	=목표 . 친구와 함께 협의를 통해 계획하고 구성 =계획 : 미리 구성해 놓은 블록 무대 장치들을 옮겨 방송국 스튜디오 구성	• 방송국 구성하기 • 원통 블록, 나무 블록, 할로우 블록으로 구슬탑 만들어 놀이하기 • 앵그리 버드 놀이 : 나무 블록으로 탑 만들고, 스티로폼 볼에 새 모양 그려 탑 쓰러뜨리는 놀이	부모님의 휴대폰, 태블릿PC 등의 '앵그리 버드' 게임을 실제놀이로 표현하는 아이들이 많음. 집에서 이러한 매체를 자주 사용하여 게임을 하는 것으로 보임

언어	선생님과 친구에게 영상 메시지 남기기	=목표 : 내가 하고 싶은 이야기를 정확한 단어와 문장으로 표현 =계획 : 카메라로 직접 놀이 중에 서로 하고 싶은 이야기를 촬영. 녹화한 후 함께 컴퓨터로 재생	• 선생님과 친구에게 영상 메시지 남기기 • 즐거웠던 놀이 이야기하며, 친구들에게 하고 싶은 말하기 • 1년 동안의 작품집 살펴보기 • 선생님과 함께 책 보기 • 칠판 자석글자 놀이	휴대폰으로 동영상을 녹화한 후 바로 재생해 봄. 영상은 보이지만 휴대폰 자체의 소리가 작아서 잘 안 들린다고 아쉬워 함. 내일은 노트북으로 오늘 녹화했던 영상들을 함께 본 후 다시 녹화를 해볼 예정
미술	색종이 링 길게 이어 목걸이 만들어 선물하기	=목표 : 소근육을 조절하여 색종이를 이어 붙여 봄 =계획 : 점선으로 나뉜 색종이를 뜯어서 고리 모양으로 연결하여 목걸이 만들어보기	• 점선으로 잘린 색종이를 길게 뜯어 자유롭게 만들기 • 길게 잘린 색종이 동그랗게 말아 연결해서 링 목걸이 만들기 / 파티장 꾸미기 (천장에 매달아) • 링으로 안경 만들어 써 보기	점선으로 잘라 놓은 색종이를 손가락 힘을 조절하여 뜯어보고, 이를 사용해서 링을 만들어 봄, 힘 조절이 잘 안 돼서 중간에 찢어지기도 했지만, 뜯은 색종이를 하나의 링으로 만들어 다양한 작품을 창의적으로 만드는 모습을 보임
음률	음악 감상 : '드러들라의 추억'	=목표 : 노래를 들으며 노래의 분위기를 느낌 =계획 : 편안한 분위기에서 노래를 들어보며 느낌대로 표현하기, 함께 추억 이야기 나누기	• 노래자랑대회 : 번호판 뒤에 숨어 있는 노래 제목 보고, 반주 들으며 노래 불러보기 • 키보드의 신나는 음악 들으며 자유롭게 춤 춰 보기	마이크를 들고 번호판 뒤에 숨은 노래제목에 따라 함께 노래를 불러 봄. 키보드의 음악 속도를 조절하면서 계속 춤을 추기도 하며 신나게 몸을 흔들어 봄
수·과학	모자이크 블록으로 여러	=목표 : 소근육을 조절하고, 여러 가지 모양과 색의 블록을 활용하여 창의적으로 표현	• 모자이크 블록으로 토끼, 집, 울타리 등 모양 만들고 카메라로 찍어 보기 • 메모리 게임 : 그림자 매	메모리 카드 게임판을 거의 외워버린 아이가 있어서 함께 놀이하는데 수준 차이가 많이

	가지 모양 만들기	=계획 : 모자이크 판 위에 여러 가지 색과 모양의 블록을 사용하여 그림 완성해 보고, 카메라로 찍어보기	칭, 여러 가지 색깔 공짝 찾기 • 큐브 블록으로 글자 모양 만들어 보기 • 동물, 나무 퍼즐 맞추기	났음. 월등한 차이로 많은 덮개를 획득한 유아를 '왕'이라고 하여 다음 게임에는 참여하지 않고 '왕끼리 게임을 할 수 있도록 함
전이	장난감 정리하기 '○○은 △△을 사랑해' 노래를 부르며 앉기 /다음 활동 준비하기			나무 블록의 정리가 잘 되지 않아 교사와 함께 다시 하나씩 쌓으며 정리해 봄
대·소집단 활동	융판 동화 '아낌 없이 주는 나무'	=목표 : 동화를 주의 깊게 듣고 재미 있었던 부분을 이야기해 본다 =계획 : 융판 동화자료로 동화 들려주기, 재미있었던 부분 이야기 나누기	• 칠판에 붙어 있는 나무 보며 동화 내용 유추해 보기 • 주의 깊게 동화 듣기 • 동화에서 재미 있었던 부분 이야기 나누기 • 동화 다시 들어보기	나무의 각 부분이 분리되고 동화 속 주인공인 아이가 점점 늙어서 할아버지가 되는 과정을 재미있어 함. 특히 돈을 벌기 위해 사과를 따가고, 나무의 몸통만 남기고 나뭇가지를 모두 가져가 버리는 부분을 인상 깊어 함
실외 놀이 및 유희실	음악에 맞춰 앙감질 해서 뛰어 보기	=목표 : 음악에 맞추어 앙감질하며 균형감을 기르고 즐거움을 느낀다. =계획 : 처음에는 앙감질만 해보다 음악에 맞추어 해봄	• 신나는 음악에 맞춰서 앙감질로 뛰어보기 • 친구와 손잡고 앙감질로 뛰어보기	교실에서 간단한 체조와 신나는 음악에 맞춰 앙감질로 뛰어보는 활동을 함. 균형을 잡고 버티는 방법을 터득해 가는 듯 보였음
점심 및 낮잠	제자리에 바르게 앉아 식사하기, 흘린 음식 스스로 정리하기/자기 침구 찾아 매트 위에 놓기, 조용한 음악 들으며 책 읽기, 조용한 음악 들으며 낮잠 자기			평소보다 아주 빠른 시간에 많은 아이들이 점심을 먹음.

			○○, △△이는 잠을 자지 않고 휴식만 취함
간식 및 오후 실내·외 자유놀이	오전에 이루어진 놀이 중 유아들이 좋아하는 놀이를 할 수 있도록 배려함	색종이 링 고리를 교실 천장에 달아준 것이 좋았는지 오후에도 계속 만들며 놀이하는 모습을 보임	오전에 많이 뛰어 놀아서인지 조금은 지친 듯, 조용하고 차분하게 오후 알과를 보냄
전이 및 귀가	놀잇감 정리하기, 화장실 다녀오기 옷 갈아입기 동화책 보며 휴식 취하기/개별적 귀가 지도		○○와 △△가 늦게 귀가하며 신나는 방 놀이를 조금밖에 못하는 것을 아쉬워함
저녁 식사 및 야간보육	손 씻기 즐겁게 저녁 식사하기 다 먹은 그릇 정리하기 세수하고 로션 바르기 통합보육		평소보다 많은 아이들이 남아서 저녁 식사를 함 식사를 하면서 할 말들이 많았는지 늦게 끝냄.
종합 평가	담임교사의 결혼 휴가로 다른 반 교사가 와서 함께 하루 일과를 보냄. 아이들이 평소 자주 만나고 또 통합보육 때 함께 놀이했던 터여서 자연스럽게 함께 어울려 놀이하는 모습을 보임. 특히 ○○이가 많이 걱정이 되었던 것과 달리 요즘 계속 기분도 좋고, 오후 놀이를 할 때도 안정적인 모습을 보여서 안심이 됨. 선생님과 함께했던 일, 놀이, 견학 등의 경험을 함께 이야기 나누며 1년을 돌아보고, 조리사, 다른 반 교사들께도 감사의 마음을 전할 수 있는 한 주가 될 수 있도록 준비할 예정		

표 4-14 만 3, 4세 일일 보육 계획안 및 보육 일지

■ **일시** : 2016. 12. 05 ■ **대상 연령** : 만 3,4세 ■ **담임교사** :
■ **주제** : 나와 가족

활 동	활동 내용	활동 자료 및 유의점
등 원	☆개별적으로 따뜻하게 맞이하기 ☆영·유아들의 건강, 심리 상태를 살피면서 반갑게 맞이하고 인사 나누기	
오전간식	☆손 씻기 ☆양송이 스프, 치즈 ☆간식 먹은 그릇 정리하기	
오전 실내 자유 선택 놀이	=일과 계획= - 주의 집중 : Finger Family - 오늘의 일과 소개하기 =언어= 뮤지컬 사전 활동 「고양이는 왜 혼자 다닐까?」 ☆활동명 : 뮤지컬 「고양이는 왜 혼자 다닐까?」 포스트 보며 이야기 나누기 ☆활동목표 : 뮤지컬에 관심을 가지며 뮤지컬 내용을 예측해 본다. ☆활동 방법 : 포스터에 흥미를 보이는 유아들과 함께 이야기 나누기 1. 뮤지컬 포스터를 언어 영역에 붙여 두어 유아들의 관심을 유도한다. 2. 관심을 보이는 유아들과 그림에 대해 이야기해 본다. - 어떤 그림일까? 어떤 동물이 나올까? - 고양이가 왜 혼자 다닐까?(친구가 없어서요, 음식을 찾으러 다녀요, 도둑고양이예요, 엄마를 찾으러 가요) 3. 뮤지컬 관람에 대한 이야기를 나눈다 (이전 경험 나누기). - 뮤지컬을 본 적이 있니/ 무엇을 보았니? 4. 「핑키와 프렌테 친구들」 동영상 보기 - 뮤지컬은 어떤 것일까?(뮤지컬이란? 노래도 부르고 음악에 맞추어 춤도 추면서 재미있는 이야기를 보여주고 들려주는 것) 5. 관심을 더 보일 때 - 「고양이는 왜 혼자 다닐까?」 뮤지컬에 삽입된 음악을 들어본다(음악이 다소 무섭게 느껴질 수 있으므로 처음에는 너무 크게 들려주지 않도	종이벽돌 블록, 레고 빅 브릭스, 레고블록, 킹 블록 뮤지컬 「고양이는 왜 혼자 다닐까?」 포스트, 색연필 전날 배운 노래

	록 주의). 6. 뮤지컬 내용에 대해 간략하게 소개해 주기 (극화) 활동명 : 밀가루 반죽으로 가족 인형에게 음식 만들어 먹여주기 (미술) 활동명 : 엄마, 아빠 그려 보기 (음률) 활동명 : 「어린이날」 노래 부르기 – 노랫말 자료 제시하기 =쌓기= ☆활동명 : 블록으로 엄마, 아빠 침대 만들기 ☆활동 목표 : 블록으로 생각한 구성물 만들기 ☆활동 방법 : 극화 영역에서 밀가루 반죽으로 가족 인형에게 음식을 만들어 주는 것으로 자연스럽게 활동 유도 ("엄마가 음식을 드시고 계시는구나!, 어디에서 먹으면 좋을까?, 이제 무슨 시간일까?, 밤이 되어서 잠을 자야겠구나… 침대를 무엇으로 만들어 주면 좋을까?, 음식을 먹는 것 외에 이불도 덮어주었구나 아빠랑 어디 가는 거니?") =수 · 과학= ☆활동 명 : 우리 집 벽돌 쌓기 ☆활동 목표 : I수준–숫자 주사위 1–3, II수준–숫자 주사위 1–6을 사용하여 문제 해결력을 기르고 일대일 대응을 할 수 있다. ☆활동 방법 1. 수 · 과학 영역에 제시한 후 준비된 자료를 보며 탐색 2. 게임 방법에 따라 활동 ① (·) 순서를 정함(주사위를 한 번 씩 던져 가장 큰 숫자가 나온 유아가 먼저 한다) ② (:) 돌을 나누어 가짐 ③ (∵)주사위를 던져 나온 수만큼 벽돌을 쌓음 ④ (: :)먼저 집을 다 채우는 유아가 있으면 게임 끝	
놀이 정리 및 화장실 다녀오기	(정리 정돈) – 극화 놀이, 쌓기한 놀잇감을 먼저 치우도록 알리기 – 친구들과 함께 서로 도와가며 끝까지 정리하기 – 화장실 다녀오기	
대 · 소집단 활동	(대 · 소집단 활동) 활동명 : 새 노래 「어린이날」 활동목표 : 어린이날의 의미를 알고 노래로 표현 1. 손가락 수 세기로 도입 "선생님 손가락이 몇 개가 올라가는지 세어 볼까요?"	

	"그래 오른손을 모두 펴니 '5'가 되고 또 왼손을 모두 펴니 '5'가 되었네. 그런데 5월 5일 오늘이 무슨 날인지 알고 있나요? 우리 모두가 기다리는 날인데…" 2. 어린이날에 대한 이야기를 함 - 달력을 보며 어린이날을 찾음 "어린이날은 어떤 날일까?"(기쁜 날이구나) "어린이날을 만드신 분이 누구실까?(방정환 선생님) "어린이날을 왜 만드셨을까?(방정환 선생님에 대한 이야기 : 어린이를 귀하게 여기고 소중히 여기며 사랑하는 마음으로 어린이들을 위해 만든 날) 3. 노래를 불러 봄 - 어린이날에 대한 노래가 있는데 한번 들어 볼까요? (교사 음성) - 피아노 소리만 들어 볼까?(단음으로) - '라라라'로 불러 보기 (유아들이 원하는 음으로 불러 보기 - 나누어 불러 보기 - 다함께 불러 보기	
오전 실외 및 유희실 놀이	(오전 실외 자유놀이) 탐색 ☆활동명 : 봄 햇살 느껴 보기 ☆활동 목표 : 봄 햇살을 느껴 보며 느낌 표현하기, 주변 환경 변화에 관심을 갖고 관찰하기 ☆활동 방법 : 1. 실외 놀이의 날씨를 알아보며 하늘을 살펴 봄 - 하늘에 무엇이 있니?(해가 떴구나, 구름도 있네) - 구름은 어떤 모양일까? 2. 봄 햇살을 느껴 보며 표현해 보기 - 해를 찾아본다. 해님을 쳐다 봄 - 햇살의 느낌이 어떠니?(뜨겁다, 눈을 뜰 수가 없다. 동그랗다, 눈이 아프다, 왜 그럴까?) - 봄 햇살을 느끼며 봄의 기운을 느껴봄	
전이 및 점심, 양치질	- 기장밥, 근대 된장국, 닭 감자조림, 구이김, 배추김치 - 식판 정리대에 바르게 정리하기 - 칫솔질 바르게 하기	
낮잠/조용한 놀이	- 책 보기 및 수 조작 놀이하기 - 화장실 다녀오기 - 동화 들으며 누워서 쉬기 - 옆 친구 방해하지 않기	
낮잠 정리/	- 잠자리 정리하기	

오후 간식	- 손 씻고 간식 먹기 - 궁중 떡볶이, 매실차 - 먹고 난 자리 정리하기	
오후 실내 자유 선택 놀이	(극화)활동명 : 밀가루 반죽으로 가족 인형에게 음식 만들어 주기 (쌓기)활동명 : 블록으로 엄마, 아빠 침대 만들기 (언어)활동명 : 방정환 선생님 책 보기, 뮤지컬 포스터 보며 이야기 나누기 (미술)활동명 : '엄마, 아빠'그림 그려 집 모양 도안에 붙여 꾸미기 (음률)활동명 : 「어린이날」 노래 듣고 따라 부르기 (수·과학)활동명 : 우리 집 벽돌 쌓기	
오후 실외놀이 및 개별귀가	(탐색)활동명 : 봄 햇살 느껴 보기 (물·모래)활동명 : 「얼굴 그리기」 노래 부르며 모래 위에 엄마, 아빠 얼굴 그려보기 - 놀잇감 정리 후 귀가하기	
귀가 및 저녁식사 통합 보육	- 화장실 다녀오기, 손 씻기 - 저녁 식사 - 통합보육실로 가서 조용한 놀이하기	
평가	「어린이날」 노래를 부르면서 율동도 만들어 표현. 방정환 선생님에 대한 그림책은 다소 어려워하여 유아들의 흥미에 따라 읽어 봄. 뮤지컬 줄거리를 간략하게 들려주자 유아들의 생각과 흥미를 끌어내는데 도움이 된 것 같음. 게임판의 벽돌 수가 너무 적어 게임이 금장 끝나버려서 수를 더 늘릴 필요가 있음. 실외 놀이를 하며 유아들이 화단의 새싹을 발견하고는 관찰하고 물을 줌. 미술 활동으로 엄마, 아빠를 그려보는 활동을 계획하였으나 '색종이 접기' 놀이를 원하였고 실제로 다양한 색종이 접기 활동(백조, 개구리 등)이 활발하게 이루어짐. 감기에 걸린 유아들이 있어 오후에는 옷이 젖지 않도록 유의하여 활동	

※ 활동 계획안은 학급 생활 주제의 전개 패턴, 소주제와 활동 간의 적합성, 영·유아의 발달적 적절성, 주간 계획안과 영·유아의 흥미, 행사, 학급의 특별한 실태 현황 등을 고려하여 작성하도록 지도하며, 보육 실습생이 소화해낼 수 있는 활동인지를 신중하게 논의한다. 그리고 하나의 단위 활동 계획안으로 시작하여 2가지 이상의 활동들이 연결된 반나절 활동 계획안과 종일 보육을 위한 일일 활동 계획안으로 구분한다(보육자격관리사무국, 2009).

6. 단위 활동 계획안

단위 활동이란 도입 · 전개 · 마무리의 구조로 된 하나의 활동을 일컬으며, 목표를 가지고 있다. 따라서 단위 활동 계획안은 활동 목표, 활동 자료, 활동 방법, 확장 활동, 주의 사항 등으로 작성하도록 지도한다.

다양한 교수 방법을 잘 수행할 수 없는 실습생의 경우는 주간 보육 계획안에서 계획된 활동과 목표가 단순 명료한 활동 그리고 영 · 유아의 참여가 용이한 활동부터 도전하는 것이 용이하다.

■ **활동 목표**

- 표준 보육 과정에 기반한 통합적 전개가 되도록 설명한다.
- 활동을 통해 영 · 유아에게 기대하는 바를 설명(행동적 목표)하거나 활동 시 영 · 유아가 경험할 내용의 표현 패턴(표현적 목표)을 구체적으로 서술한다.

=예=

① 행동적 목표의 진술
  - 1부터 9까지의 숫자들을 순서대로 나열
  - 팥 주머니를 1미터 떨어진 곳에서 던져 바구니에 넣기

② 표현적 목표 진술
  - 1부터 9까지의 숫자를 보고 떠오르는 것을 그리기
  - 팥 주머니와 바구니를 가지고 규칙을 정한 게임을 즐김

■ **활동 자료**

원래 어린이집에서 사용하는 자료의 활용 여부를 밝힌다.

- 활동 자료를 만들어야 한다면 재료, 제작 방법, 활용법을 구체적으로 기록한다.
- 지도교사와 충분한 사전 협의를 거쳐서 필요 이상의 시간과 물자 낭비가 없도록 제작한다.

■ 활동 방법

- 활동 목표의 달성을 위한 내용과 상호작용을 계획한다.
- 영 · 유아의 반응을 예상하면서 도입 · 전개 · 마무리 단계별 교사의 질문을 기록한다.
- 영 · 유아의 연령, 흥미, 사전 경험에 기반한 활동 시간을 계획한다.
- 실습생의 지도 능력이 부족하므로 구체적으로 계획한다. – 영 · 유아들이 흥미를 보이지 않았을 경우나 너무 과도한 흥미를 보였을 경우, 그리고 다른 대답이 나와 그것과 연결을 해야 할 경우 등을 사전에 계획한다.

■ 확장 활동

- 심화 또는 확장시킬 수 있는 연계 방안을 기록한다.
- 활동 자료나 결과물을 활용할 수 있는 방안을 기록한다.

■ 유의 사항

- 활동 진행 시 예상 되는 어려움을 서술한다.
- 이에 대한 예방 전략을 서술한다.

CHAPTER 5

보육 실습의 평가

1. 보육 실습 평가의 의의
2. 보육 실습의 평가

1. 보육 실습 평가의 의의

보육 실습 평가란 보육 실습을 마친 후 대학에서는 지도 교수와 실습생들이 함께 모여서 실습 어린이집의 시설 및 프로그램, 실습 지도교사 및 보육 교사들과의 인간관계, 실습 시의 경험들, 실습 전후로 변화된 보육관, 대학에 대한 건의 사항 등을 논의하는 기회를 의미한다. 따라서 보육 실습 평가는 실습에 대한 구체적이고 실질적인 문제점들을 찾아서 개선 방안을 모색하고, 실습생으로 하여금 보육 교사로서의 사명감을 다시 한 번 가다듬도록 하는 동시에 항상 노력하는 자세를 갖도록 한다.

2. 보육 실습의 평가

보육 실습의 평가 항목으로는 관찰 실습, 참가 실습, 실제 실습, 실무 실습 등 보육 실습의 전반적인 과정을 객관적으로 평가한다.

보육 실습의 평가를 크게 실습 기관 측과 교육기관인 대학 측으로 나누어서 살펴본다.

1) 실습 기관 측의 평가

보육 실습 기관인 어린이집에는 교육기관인 대학의 실습 지도 교수와의 긴밀한 협조 관계로 실습생의 실습 과정을 철저하게 지도 및 감독한다. 원장과 지도교사는 '실습생 평가서'를 활동하여 실습 결과 보고서를 작성한 후 실습생의 소속 대학 학과에 송부한다.

보육 실습생에 대한 평가는 <표 5-1>과 같다.

표 5-1 보육 실습생 평가

영 역	평가 항목
근무 태도 (10)	근무 상태 (출결, 지각, 조퇴 등), 근무 성실성
일반 자질 (15)	원아에 대한 태도, 교사나 실습생 간의 협동, 인성, 교사로서의 품위, 보육 교사로서의 소명의식 등
학습 지도 능력(50)	활동 계획 및 계획안 작성, 지도 기술, 교재 제작 및 활동 평가 기술, 교재연구 등
연구 조사 활동(15)	연구 태도 및 자세, 영·유아 관찰 태도, 자료 수집 및 처리 분석, 동료와의 협력 등
학급 경영 및 사무 처리 능력(10)	계획성 및 학급 경영, 생활지도, 환경 정리, 신속한 사무 처리, 아동 관리 등

2) 대학 측의 평가

교육기관인 대학에서는 실습생의 실습 결과에 대한 최종적인 평가를 한다. 실습 지도 교수는 실습 결과 보고서와 실습생이 제출한 각종 과제물과 자료, 그리고 지도 교수 자신이 실습생을 평가한 자료를 바탕으로 하여 최종적인 평가를 한다. 이때 주요 평가항목인 보육 계획안, 기안 (환경 구성, 교재 교구 제작), 실습 일지와 같은 문서를 작성하는 요령을 살펴본다.

(1) 보육 계획안 작성

보육 계획안은 보육 활동을 진행하기 전에 그것의 목적과 내용, 그리고 방법과 평가의 과정을 흐름에 따라 구체적으로 계획한 문서로써 실습생이 미리 작성하여 지도교사에게 허락을 받은 후에 진행한다.

보육 계획안 작성 시 지침은 <표 5-2>와 같다.

표 5-2 보육 계획안 작성 지침

문서 영역	문서 작성 지침
부분 보육 계획안	• 부분 보육 계획안은 일일 보육 계획 중 한 가지 보육 활동을 실시하기 전에 작성한다. 실습생은 실습 두 번째 주부터 부분 수업을 준비하게 되므로, 보통 첫 주나 두 번째 주의 초반에 부분 보육 계획안을 작성하여 지도교사에게 제출한다. • 부분 보육 계획안을 작성할 때는 대상 연령을 고려하여 실습 중인 반에서 현재 진행 중인 주제에 맞게 구성하되, 어떤 활동을 진행할 것인지, 하루 일과 중 어느 시간에 진행할 것인지에 따라서 계획을 다르게 세워야 한다. 그리고 도입, 전개, 마무리 단계의 소요 시간과 필요한 준비물, 구체적인 활동 내용을 상세하게 기록한다. • 대체로 부분 보육 계획안에는 주제와 목표, 활동명, 활동 내용, 대상 연령, 필요한 준비물, 소요 시간 등을 기록한다.
종일 보육 계획안	• 종일 보육 계획안은 실습 마지막 주에 종일 보육 활동을 진행하기 전 작성하여 제출한다. 그동안 작성했던 부분 보육 계획안과는 달리 영·유아의 등원부터 귀가할 때까지의 모든 계획을 작성하되, 적어도 세 가지 활동이 포함되도록 한다. 종일 보육 활동은 실습의 마무리 과정으로 보육 교사로서의 자질을 평가할 수 있는 가장 객관적인 방법이므로 진행 전에 철저하게 계획하고 준비한다. • 종일 보육 계획안은 적어도 보육 활동 3일 전에는 실습 지도교사에게 제출하여 첨삭을 받고, 원장의 결재를 받는다. • 종일 보육 계획안에 보육 활동의 진행 날짜와 대상 연령, 주제 및 목표, 활동 시간, 활동 내용, 준비물 그리고 유념할 사항까지 기록한다. 활동 시간은 등원부터 귀가할 때까지 하루 일과의 시간을 세부적으로 나누어 기록하며, 활동은 정적인 활동과 동적인 활동이 골고루 분배되도록 계획한다. 주의할 것은 산책이나 바깥 놀이를 일과에 반드시 포함시키도록 한다.

(2) 기안(환경 구성 및 교재 교구 제작)

기안이란 어린이집의 행사, 환경 구성 및 교재 교구 제작 등을 계획하여 실시하고자 할 때 계획안을 미리 제출하여 허락받는 업무 절차이다. 기안을 제출할 때는 검토할 수 있는 충분한 시간적 여유를 두되, 참고 자료를 충실하게 첨부하는 것이 좋다.

① 환경 구성

실습 중 환경 구성은 대체로 마지막 주에 게시판이나 환경판 구성으로 이루어지며, 교재 교구 배치와 환경판 구성도 포함된다. 환경 구성을 할 때는 무엇보다도 균형 있고, 조화로우면서도 너무 산만하지 않도록 하는 것이 안정감과 통일감을 느낄 수 있어서 영・유아들의 정서적 안정에 도움이 된다.

실습생은 환경 구성 전에 지도교사와 토의하고, 환경 구성의 주제, 준비물 도안, 준비 제작 과정 등을 기록한 환경 구성 계획표를 만들고, 이것을 기안으로 제출하여 원장의 결재를 받은 후 환경 구성을 시작한다. 환경 구성 완성 후에는 사진 촬영을 하여 일지에 붙이면 추후에 좋은 자료로 사용할 수 있다.

② 교재 교구 제작

실습생은 교수 자료를 연구하는 과정인 교재 교구 제작을 통해 보육 활동 주제와 목표를 바르게 이해할 수 있다. 특히 이 작업은 보육 활동의 주제와 목표를 기반으로 하기 때문에 합리적이고 효율적인 보육 활동을 구상하고, 자료를 준비한다.

실습생은 교재 교구 계획안을 작성할 때 교재 교구명, 목표, 교재 교구 재료, 제작 과정, 활동 방법, 확장 활동 및 유의점 등을 기록한다. 그리고 실습 지도교사나 원장이 실습생이 제출한 교재 교구 계획안을 보고 완성된 교재 교구를 상상할 수 있도록 자세하게 기록한다.

유념할 점은 현재 진행 중인 활동과 잘 연관될 수 있는 교구를 제작하되 완성하여 제출한 교재 교구는 실습 기관의 허락을 받아 사진 촬영을 한 뒤 교재 교구 계획안 사진란에 붙인다.

(3) 실습 일지 작성

실습생의 전체 실습 과정이 나타나는 보육 실습 일지는 구체적이면서 실질적으로 작성한다. 즉, 글씨는 정자체로 기록하고, 단어는 표준어를 사용하며, 문장은 간결하면서도 분명하게 표현하되, 구체적이며 자세하게 기술하고, 사진 및 그림 자료를 첨부한다. 그리고 작성한 실습 일지는 매일 지도교사 및 원장의 점검을 받는다.

실습 일지 작성 시 보다 자세한 지침은 <표 5-3>과 같다.

표 5-3 보육 실습 일지 작성 지침

문서 영역	문서 작성 지침
출근부	• 정해 준 출근 시간보다 10~20분 정도 일찍 출근하도록 한다. 출근 시 바로 출근부에 도장을 찍거나 사인을 하고, 출근 시간도 함께 기록하는 것이 좋다.
신상 기록부	• 주소, 성명, 성별, 생년월일 등 기본적인 인적 사항과 종교, 소속 대학교, 학력, 경력, 가족 사항, 취미, 특기 등의 추가적인 사항을 기록한다. • 신상 기록부는 자신에 대한 정보를 사실적으로 정확하게 기록하여 반명함판 사진을 함께 첨부한다. 비고란에는 실습생의 자격증이나 수료증, 근무 기록 등을 기록하여 추후 취업과 연관시키는 것도 좋은 방법이다.
실습 일정표	일반적으로 6주에 걸쳐 참관부터 종일 수업까지 경험하게 되며, 보육 교사로서의 직무를 전체적으로 수행하게 된다. ① 첫째 주 : 어린이집 현황과 실습의 전반적인 과정에 대한 오리엔테이션을 받고, 실습 계획을 협의한다. 또한 실습생과 보육 교직원, 원아 간 상호인사를 하고, 보육 활동 관찰 및 참관을 하면서 하루 일과를 몸에 익히게 된다. 이때 영·유아 관찰과 영·유아의 교우도를 작성한다. - 가능한 한 빨리 영·유아의 이름과 얼굴을 기억하도록 하며, 실습 지도교사와 충분한 토의를 거쳐 지도 계획을 세운다. ② 둘째 주 : 보육 활동 및 생활지도에 참여하면서 실습반의 보조 교사와 같은 역할을 한다. 영·유아를 계속적으로 관찰하며 사례연구를 시작하고, 지도교사와의 토의 후 교재 교구 연구 및 제작 계획서를 어린이집에 제출한다. - 영·유아의 수준과 특성을 잘 파악하여 부분 수업 및 실제 수업 준비에 반영한다. ③ 셋째 주 : 영·유아를 계속적으로 관찰하며 사례연구는 꾸준하게 진행하고, 교재 교구 연구 및 제작을 하여 실제 부분 수업에 활용한다. - 영·유아의 수준과 특성을 세밀하게 파악하여 부분 수업 및 실제 수업에

	반영하는 것은 물론 자유놀이 및 실습 지도교사의 수업에 필요한 교재 교구도 함께 제작하고, 전반적인 실습에 대해서 자기 점검 및 반성하는 시간을 갖도록 한다. ④ 넷째 주 : 그동안의 실습을 토대로 지도교사와 상의하여 부분 수업에 대한 계획서 및 부적응 영·유아에 대한 지도 계획서까지 제출한다. – 부분 수업을 준비할 때에는 계획안을 기반으로 철저한 준비를 한다. ⑤ 다섯째 주 : 부분 수업 및 부적응 영·유아 지도와 함께 간식지도 및 자유놀이 지도, 등·하원 지도를 부분적으로 경험하며, 실습 기관의 보육 교사 회의에도 참여한다. – 부분 수업을 진행하기 전에는 보육 실습 지도교사와 충분한 토의와 철저한 준비로 수업에 임한다. 일일보육 계획의 한 부분을 맡을 때에는 기본적인 규칙이나 방법에서 벗어나지 않도록 주의한다. ⑥ 여섯째 주 : 실습 마지막 주로 종일 수업과 교재 교구를 제출한다. 영·유아의 생활지도, 놀이 지도 등을 실제로 진행하며, 실제 보육 교사로서의 모든 역할을 경험하게 된다. 여섯째 주 금요일은 전체적인 보육 실습에 대한 평가와 보육 교사로서의 자질에 대해 토의하며, 실습을 마무리하게 된다. – 무엇보다 수업준비를 충실하게 하여 일일 보육 계획안에 기반한 종일 수업을 무난히 진행하며, 실습 마무리를 잘할 수 있도록 한다.
기관의 대지 및 평면도	• 어린이집의 대지 및 평면도를 그릴 때에는 보육 시설 전체의 배치도를 그리되 어린이집의 건물 형태 및 실내외 시설과 설비의 특징을 기록하고, 가능한 한 도식을 사용하여 그린다. • 교실 평면도와 환경 구성도를 그릴 때에는 교실의 출입구, 창문, 싱크대 등의 시설을 표현한다. 또 실내 학급의 실내 흥미 영역의 배치를 자세하게 나타내고, 해당하는 영역명을 기록한다. 특징적인 교구 및 학습 자료, 벽면 구성, 게시물, 교구장의 배치 및 교구의 특징을 나타낸다.
교육 계획안	• 실습생은 실습을 시작과 동시에 실습 어린이집에서 연간 및 월간, 주간 교육 계획안을 받아 일지에 붙이도록 한다.
관찰 기록	• 관찰 기록은 실습 지도교사와 협의한 후, 실습 초반에 시작한다. • 관찰 방법은 표본식으로 나타내어 그 상황을 보지 않은 사람도 기록을 보고 그 당시의 상황을 그대로 재현할 수 있을 정도로 자세하게 기록한다. • 관찰 기록지 작성 시는 관찰 대상 영·유아를 정한 후 문제 행동과 더불어 행동의 순서, 행동 장소, 관찰 목적과 장면을 결정하여 정확히 기록한다. 그리고 상황의 정확한 이해를 위하여 관찰 행동의 전후 상황도 자세하게 기록한다.
일지 작성	실습한 내용을 기록한 후 실습생은 자신의 도장을 먼저 찍고, 실습 지도교사에게 실습 일지를 제출한다. ① 주제 : ② 보육목표 : ③ 지시 및 협의 사항 : ④ 활동 시간 및 활동명 :

	⑤ 활동 내용 : ⑥ 기대되는 학습 효과 : ⑦ 자료, 유의점 : ⑧ 반성 및 내일의 준비 : ⑨ 실습 지도교사의 조언 :
사례 연구	실습생은 실습 지도교사와 충분히 토의하고, 어린이집의 허락을 받아 사례연구를 시작한다. 사례는 자세하고 정확하게 기록하며, 실습생의 주관적인 생각은 기록하지 않는다.
실습생의 자기평가	실습생은 자신에게 주어진 6주간의 실습을 마치면서 그동안 경험한 내용을 자유롭고 진솔하게 서술한다. 즉, 실습 동안에 느꼈던 점, 깨닫게 된 점, 대학 측에 대한 건의 사항, 보육 교사로서의 마음가짐 등을 기록한다.

3) 실습생의 자기평가

실습생의 자기평가 시 특별히 유념해야 할 점은 지도교사의 평가를 긍정적으로 수용하고, 지도교사의 조언을 잘 받아들여 다음 보육 활동에 참고·개선해 나가도록 하는 것이다. 즉, 실습 기관의 자질을 갖춘 교사가 우수한 실습 프로그램으로 지도하더라도 실습을 수행하는 실습생이 스스로 배우고자 하는 노력과 열의가 없다면 그 실효성을 거두기 어렵기 때문이다. 따라서 실습생은 실습을 마친 후 실습의 전 과정과 실습 결과에 대해 스스로의 평가를 해보는 것이 중요하다(보육 실습생의 자기평가표는 부록 1 참조).

부록

〈부록 1〉 보육 실습 관련 서류

〈부록 2〉 보육 실습 중간 관리 및 평가와 사후 관리

부록 1

보육 실습 관련 서류(한국보육진흥원 서류)

① 보육 실습 신청서(I)

보육 실습 신청서(I)

(20 년 학기)

학 생 정 보					
성 명		학 과		학 번	
보육 실습기간	20 년 월 일 ~ 20 년 월 일(연속 6주 240시간 이상)				
주 소	우편번호) 집 주 소 :				
휴대폰		집/ (직장)	집 : 직장 :		
e-mail					
보육 실습 기관 정보					
보 육 실 습 기 관 명	어린이집 (정원 : 명)		원 장		
보 육 실 습 기 관 유 형	① 국공립 어린이집 ( ) ③ 법인·단체 등 어린이집 ( ) ⑤ 가정 어린이집 ( ) ⑦ 민간 어린이집 ( )		② 사회복지법인 어린이집 ( ) ④ 직장 어린이집 ( ) ⑥ 부모협동 어린이집 ( ) ⑧ 종일제 유치원 ( )		
평 가 인 증 여 부	① 예 ( ) ② 아니요 ( ) ③ 진행 중 ( )				
기 관 주 소	우편번호 : –				
전 화 번 호		팩 스			
보 육 실 습 지 도 교 사	이 름 :		보육 교사 1급 ( ) 유치원 정교사 1급 ( ) ※해당 자격에 'O'표 하세요.		

② 보육 실습 신청서(II)

보육 실습 신청서(II)

학 생 정 보			
성 명		학과 / 학번	/
보육 실습 기간	년 월 일 ~ 년 월 일 (연속 6주 240시간 이상) 년 월 일 ~ 년 월 일		
집 주 소	우편번호 : –		
핸드폰		집 / (직장)	집 : 직장 :
e-mail			

희망 보육 실습 기관 정보	
보육관련 이수 교과목 (이수교과목을 모두 적으세요)	: 총 (　　　)개 과목 이수
실습 희망 지역	
보육 실습 희망 기관 유형	① 국공립 어린이집 (　) ② 법인 어린이집 (　) ③ 직장 어린이집 (　) ④ 가정 어린이집 (　) ⑤ 부모협동 어린이집 (　) ⑥ 민간 어린이집 (　) ⑦ 종일제 유치원 (　)
기타 희망 사항	

③ 보육 실습생 자기소개서

보육 실습생 자기소개서

성 명 :
소 속 :

대학교 과 학년

※ 1. 출생 및 성장과정 2. 예비 보육 교사로서의 교육관 3. 보육 실습 기관으로 ○○○어린이집을 선택한 동기 및 어린이집 발전을 위한 제언 등에 대하여 A4 2매 이내로 기술해 주십시오.

④ 보육 실습 협조 공문

보육 실습 협조 공문(Ⅰ)

○○○대학교 ○○○학과

수신자 ○○○어린이집 원장 (보육 실습 지도 담당자)
(경유)

제 목 보육 실습생 의뢰의 건

1. 귀 기관의 무궁한 발전을 기원합니다.
2. ○○○대학 ○○○학과 학생들이 귀 기관에서 보육 실습을 희망하고 있습니다.
   이에 보육 실습생을 의뢰하오니 보육 실습에 대한 협조를 부탁드립니다.
   가. 보육 실습 기간 : 20 년 월 일 ~ 20 년 월 일까지(240시간 이상)
   나. 보육 실습생 : 보육 실습생 명단 참조
3.보육 실습생 명단

연번	성명	학번	주소	연락처	비고
1					

4. 어린이집지원시스템을 통한 보육 실습생 등록 · 관리 안내 및 보육 실습 확인서 회신 협조
   가. 보육정보종합시스템 내 어린이집지원시스템 보육 실습생관리 메뉴에 보육 실습 내용을 입력 후 출력해 주시기 바랍니다.
   나. 보육 실습 확인서(직인 또는 서명 요망)는 20 . 0. 0. (요일)까지 회신 부탁드립니다.

   별첨 : 보육 실습 동의서 1부. 끝.

○○○대학교 ○○○학부(과)장 직인

기안자 ○ ○ ○ 학부(과)장 ○ ○ ○
협조자
시행 보육 - (20 . .) 접수 - (20 . .)
우 ○○○-○○○ ○○ 시 ○○ 구 ○○ 동 ○○ 번지 ○○○ 대학교 / www. ooo .ac. kr
전화 (○○) ○○○ - ○○○○ / 전송 (○○) ○○○ - ○○○○ / ○○○○○@.○○.○○ / 공개

⑤ 보육 실습 동의서

보육 실습 동의서

학 생 정 보					
성 명		학 과		학 번	
보육 실습 기간	20 년 월 일 ~ 20 년 월 일 (연속 6주 240시간 이상)				
집 주 소	우편번호 : –				
개인 연락처			e-mail 주소		
보육 실습 기관 정보					
보 육 실 습 기 관 명	어린이집 (정원 : 명)		보육 실습 기관 원장		
기 관 주 소	우편번호 :				
전 화 번 호			팩 스		
평 가 인 증 여 부	① 예 ( ) ② 아니요 ( ) ③진행 중( )				
보 육 실 습 지 도 교 사	이름 :			보육 교사 1급 ( ) 유치원 정교사 1급 ( ) ※해당 자격에 'O'표 하세요.	

위 학생이 본 기관에서 보육 실습을 수행함에 동의합니다.

20 년 월 일

보육 실습 기관 원장 : (서명 또는 직인)

⑥ 보육 실습생 신상 카드 예시

보육 실습생 신상 카드

<table>
<tr><td rowspan="2">성 명</td><td>한 글</td><td colspan="2">(남, 여)</td><td rowspan="4">(사 진)</td></tr>
<tr><td>한 자</td><td colspan="2"></td></tr>
<tr><td>주민등록번호</td><td colspan="3"></td></tr>
<tr><td>소 속 대 학 교</td><td colspan="3"></td></tr>
<tr><td>집 주 소</td><td colspan="4"></td></tr>
<tr><td rowspan="3">학 력</td><td colspan="2">20. . . ~20 . .</td><td colspan="2">고등학교 입학 및 졸업</td></tr>
<tr><td colspan="2">20. . . ~20 . .</td><td colspan="2"></td></tr>
<tr><td colspan="2">20. . . ~20 . .</td><td colspan="2"></td></tr>
<tr><td>보육관련
이수 교과목
(이수교과목을 모두
적으세요)</td><td colspan="4">: 총 ( )개 교과목</td></tr>
<tr><td rowspan="3">비상연락처</td><td colspan="4">집 전화 :</td></tr>
<tr><td colspan="4">본인휴대폰 :</td></tr>
<tr><td colspan="4">비상시 연락휴대폰 : (관계 :)</td></tr>
<tr><td>e-mail 주소</td><td colspan="4"></td></tr>
<tr><td colspan="5">위의 사항이 틀림없음을 확인합니다.

20 년 월 일
본인서명 (인)
학과장(원 장) 귀 하</td></tr>
<tr><td colspan="5">개인정보 수집 · 이용 동의</td></tr>
<tr><td colspan="5">예비 보육 교사 관리를 위하여 ‘개인정보보호법’에 따라 개인정보 수집 · 이용에 대한 내용을 알려드리오니 동의하여 주시기 바랍니다.

[법률근거] 개인정보보호법 제15조 ‘개인정보의 수입 · 이용’에 관한 법률
[수집 · 이용 항목] 이름, 주민등록법호, 연락처(선화번호, 휴대폰번호), 이메일, 주소
[수집 · 이용 목적] 보육 실습생 관리를 위한 목적으로 이용되며, 수집한 개인정보는 다른 목적으로 사용되지 않습니다.
[동의거부 및 불이익] 위의 개인정보 수집 · 이용에 관한 내용에 동의하지 않는 경우에는 보육 실습이 불가합니다.

☐ 동의함 ☐ 동의하지 않음
보육 실습생 : (인)</td></tr>
</table>

⑦ 보육 실습생 서약서 예시

보육 실습생 서약서

성 명 :

소 속 : 대학교 학과 학년

상기 본인은 귀 어린이집의 보육 실습생으로서 보육 실습의 목적과 중요성을 충분히 이해하고, 어린이집의 제반 규정을 성실히 준수하여 보육능력 향상에 최선을 할 것을 서약합니다.

20 년 월 일

보육 실습생 : (인)

○ ○ ○어린이집 원장 귀하

⑧ 보육 실습비 영수증 예시

영　　수　　증

보육 실습비 : 일금 ○○만원 정(₩　　　　　)

성　　명 : ____________________

소　　속 : ____________________

위 금액을 위 실습생의 보육 실습비로 정히 영수함.

20　　년　　월　　일

○○○어린이집원장　　직인

⑨ 보육 실습 기관 현황 예시

보육 실습 기관 현황

성　　　명 :
주민등록번호 :　　　　-

<table>
<tr><td>기 관 명</td><td>어린이집</td><td>유 형</td><td></td><td colspan="2">운 영 체</td><td colspan="3"></td></tr>
<tr><td>주　　소</td><td colspan="8"></td></tr>
<tr><td>전 화 번 호</td><td colspan="3"></td><td>원장명</td><td colspan="4"></td></tr>
<tr><td>설 립 이 념</td><td colspan="8"></td></tr>
<tr><td>연　　혁</td><td colspan="8"></td></tr>
<tr><td>기 관 특 성</td><td colspan="8">• 특수보육서비스(장애통합, 초등방과후, 야간, 연장, 휴일 보육 등)
• 기타 사항 : 평가인증 통과년도(　　　　　　)</td></tr>
</table>

<table>
<tr><td>연령별 학급</td><td>0세</td><td>1세</td><td>2세</td><td>3세</td><td>4세</td><td>5세</td><td rowspan="3">기타
종사자
수</td><td>사무원</td><td>취사부</td><td>영양사</td><td>간호사</td><td>기타</td></tr>
<tr><td>원 아 수</td><td></td><td></td><td></td><td></td><td></td><td></td><td rowspan="2"></td><td rowspan="2"></td><td rowspan="2"></td><td rowspan="2"></td><td rowspan="2"></td></tr>
<tr><td>교 사 수</td><td></td><td></td><td></td><td></td><td></td><td></td></tr>
</table>

보육 실습반 현황

학급명	반(만　　세)	보육 실습 지도교사	
영·유아 수	총　명(남아　　명/여아　　명)	보육 교사 수	명

⑩ 보육 실습생 출근부 예시

보육 실습생 출근부

<table>
<tr><td colspan="2">소속 :</td><td colspan="2">학번 :　　　　　　이름 : ○ ○○</td></tr>
<tr><td>보육 실습 기관</td><td>○○○어린이집　　　○세 ○○반</td><td colspan="2">보육 실습 지도교사 : ○○○</td></tr>
<tr><td>보육 실습 기간</td><td colspan="3">20　.　.　~ 20　.　.　　(총　　주간)</td></tr>
</table>

구 분	월	화	수	목	금
보육 실습생	㊞	㊞	㊞	㊞	㊞
보육 실습 지도교사	㊞	㊞	㊞	㊞	㊞
날짜	월 일 시 분부터 시 분까지	월 일 시 분부터 시 분까지	월 일 시 분부터 시 분까지	월 일 시 분부터 시 분까지	월 일 시 분부터 시 분까지
보육 실습생	㊞	㊞	㊞	㊞	㊞
보육 실습 지도교사	㊞	㊞	㊞	㊞	㊞
날짜	월 일 시 분부터 시 분까지	월 일 시 분부터 시 분까지	월 일 시 분부터 시 분까지	월 일 시 분부터 시 분까지	월 일 시 분부터 시 분까지
보육 실습생	㊞	㊞	㊞	㊞	㊞
보육 실습 지도교사	㊞	㊞	㊞	㊞	㊞
날짜	월 일 시 분부터 시 분까지	월 일 시 분부터 시 분까지	월 일 시 분부터 시 분까지	월 일 시 분부터 시 분까지	월 일 시 분부터 시 분까지
보육 실습생	㊞	㊞	㊞	㊞	㊞
보육 실습 지도교사	㊞	㊞	㊞	㊞	㊞
날짜	월 일 시 분부터 시 분까지	월 일 시 분부터 시 분까지	월 일 시 분부터 시 분까지	월 일 시 분부터 시 분까지	월 일 시 분부터 시 분까지
보육 실습생	㊞	㊞	㊞	㊞	㊞
보육 실습 지도교사	㊞	㊞	㊞	㊞	㊞
날짜	월 일 시 분부터 시 분까지	월 일 시 분부터 시 분까지	월 일 시 분부터 시 분까지	월 일 시 분부터 시 분까지	월 일 시 분부터 시 분까지
보육 실습생	㊞	㊞	㊞	㊞	㊞
보육 실습 지도교사	㊞	㊞	㊞	㊞	㊞
날짜	월 일 시 분부터 시 분까지	월 일 시 분부터 시 분까지	월 일 시 분부터 시 분까지	월 일 시 분부터 시 분까지	월 일 시 분부터 시 분까지

* 결석·지각·조퇴는 불가하며, 불가피할 경우 위의 기재된 보육 실습 기간 중 법적 이수 시간(240시간)을 채운다.

⑪ 보육 실습 일지 예시

<table>
<tr><td rowspan="2">보육 실습 일지</td><td rowspan="2">결재</td><td>실습생</td><td>지도교사</td><td>원장</td></tr>
<tr><td>㊞</td><td>㊞</td><td>㊞</td></tr>
</table>

<table>
<tr><td>반 명</td><td></td><td>일시</td><td>년 월 일
요일</td></tr>
<tr><td>날 씨</td><td></td><td>결석 영·유아</td><td></td></tr>
<tr><td>주 제</td><td></td><td>소주제</td><td></td></tr>
<tr><td>시간 및 일과</td><td colspan="2">활동 계획 및 실행</td><td>평가 및 유의점</td></tr>
<tr><td>~ 09:00
등원 및 맞이하기</td><td colspan="2"></td><td></td></tr>
<tr><td></td><td colspan="2"></td><td></td></tr>
<tr><td></td><td colspan="2"></td><td></td></tr>
<tr><td></td><td colspan="2"></td><td></td></tr>
<tr><td></td><td colspan="2"></td><td></td></tr>
<tr><td>~ 18:00
귀가 및
가정과의 연계</td><td colspan="2"></td><td></td></tr>
<tr><td>실습생 평가</td><td colspan="3"></td></tr>
<tr><td>지도교사
조언 및 평가</td><td colspan="3"></td></tr>
</table>

⑫ 영역별 보육 활동 계획안 예시

<table>
<tr><td rowspan="2">제출일</td><td rowspan="2">년 월 일 요일</td><td rowspan="2">결재</td><td>실습생</td><td>지도교사</td><td>원장</td></tr>
<tr><td>㊞</td><td>㊞</td><td>㊞</td></tr>
<tr><td>실습생</td><td></td><td>지도교사</td><td colspan="3"></td></tr>
<tr><td>반 명</td><td></td><td>일 시</td><td colspan="3"></td></tr>
<tr><td>주 제</td><td></td><td>소주제</td><td colspan="3"></td></tr>
<tr><td>활동명</td><td></td><td>흥미 영역/활동 유형</td><td colspan="3"></td></tr>
<tr><td>활동 목표</td><td colspan="5">*각 목표의 표준 보육 과정의 영역>내용 범주>내용>세부 내용과 관련성을 제시</td></tr>
<tr><td colspan="4">활동 방법</td><td colspan="2">활동 자료</td></tr>
<tr><td colspan="4"></td><td colspan="2"></td></tr>
<tr><td>확장 활동</td><td colspan="5"></td></tr>
<tr><td>유의 사항</td><td colspan="5"></td></tr>
<tr><td>계획안에 대한 지도교사 조언</td><td colspan="5"></td></tr>
<tr><td>실행 후 실습생 평가</td><td colspan="5"></td></tr>
</table>

⑬ 반일(일일) 보육 활동 계획안 예시

<table>
<tr><td rowspan="2">제출일</td><td rowspan="2">년 월 일 요일</td><td rowspan="2">결 재</td><td>실습생</td><td>지도교사</td><td>원장</td></tr>
<tr><td>㊞</td><td>㊞</td><td>㊞</td></tr>
<tr><td>반 명</td><td></td><td>일 시</td><td colspan="3"></td></tr>
<tr><td>날 씨</td><td></td><td>결석
영 · 유아</td><td colspan="3"></td></tr>
<tr><td>주 제</td><td></td><td>소주제</td><td colspan="3"></td></tr>
<tr><td>시간 및 일과</td><td colspan="2">활동 계획 및 내용</td><td colspan="3">활동 자료 및 유의점</td></tr>
<tr><td>~
등원 및
맞이하기</td><td colspan="2"></td><td colspan="3"></td></tr>
<tr><td>~
오전 실내
자유놀이</td><td colspan="2"></td><td colspan="3"></td></tr>
<tr><td></td><td colspan="2"></td><td colspan="3"></td></tr>
<tr><td>~
귀가 및
가정과의 연계</td><td colspan="2"></td><td colspan="3"></td></tr>
<tr><td>유의 사항</td><td colspan="5"></td></tr>
<tr><td>계획안에 대한
지도교사 조언</td><td colspan="5"></td></tr>
<tr><td>실행 후
실습생 평가</td><td colspan="5"></td></tr>
</table>

⑭ 보육 실습 기관 방문 결과 보고서 예시

보육 실습 기관 방문 결과 보고서

1. 보육 실습 기관 현황

기 관 명		반수/교사수	
전화번호		주 소	

2. **방문일자** : 20 년 월 일 (오전, 오후) -

3. **보육 실습자 명단** :
(학번)

4. **방 문 내 용** :

20 년 월 일

방 문 지 도 교 수 **성명** : (인)

⑮ 보육 실습 평가서

보 육 실 습 평 가 서

성　　　명 :
주민등록번호 :
보육 실습 기관명 :
보육 실습기간 : 20 년 월 일 ~ 20 년 월 일

평가영역(배점)	평가항목		배점	점수
근무 태도와 자질 (20점)	근무사항	출석, 결석, 지각, 조퇴 등	5	
	태도	성실성, 근면성, 친절, 적극성, 복장 및 용모, 예절	5	
	자질	영·유아 존중, 책임감, 인성, 열의	5	
	관계형성	실습 지도교사와의 관계 동료실습생과의 관계	5	
보육 활동 계획과 실행 (30점)	보육 활동 계획	영역별, 반일(일일)보육 활동 계획의 적합성과 충실한 준비	15	
	보육 활동 실행	영역별, 반일(일일)보육 활동의 효과적이고 적절한 실행 정도	15	
예비 보육 교사로서 역할 수행 (30점)	영·유아 행동 및 놀이 관찰, 보육환경 관찰		5	
	보육일과 진행 보조와 일상생활 지도		10	
	영·유아 상호작용과 놀이 참여		15	
보육 실습 일지 작성 (10점)	구체적이고 충실한 보육 실습 일지 작성과 일일 자기평가 및 지도교사 평가 반영		10	
총평 (10점)	실습기간 동안 예비 보육 교사로서 향상 정도		10	
총 점			100	

20 년 월 일

보육 실습 지도교사 : (인)
어린이집 원　　장 : (인)

⑯ 보육 실습생 자기평가표 예시

보육 실습생의 자기평가표

보육 실습생 성명 :

번호	평 가 항 목	못함 1	2	3	4	잘함 5
1	보육목표를 달성할 수 있는 보육내용을 영・유아의 흥미, 수준에 근거하여 적합하게 선정하였는가?					
2	영・유아의 흥미와 능력, 사전 경험을 잘 관찰하여 영・유아 지도 계획에 활용하였는가?					
3	보육 활동 계획안이 적절하게 계획되고 성실하게 준비되어 실행에 무리가 없었는가?					
4	보육 활동 계획에 따라 자료를 충실히 준비하였는가?					
5	영・유아의 행동을 민감하게 파악하며 상호작용에 최선을 다했는가?					
6	다양한 흥미 영역에 고루 참여하여 영・유아의 놀이가 지속되고, 확장되도록 놀이를 촉진하였는가?					
7	영・유아의 기본 생활 습관이 형성되도록 동기를 잘 유발하였는가?					
8	대소집단 활동 시 보육 교사로서 다양한 교수법을 활용하여 효과적으로 활동을 이끌었는가?					
9	영・유아의 부정적 정서나 갈등적 상황을 잘 파악하여 긍정적으로 수용하고 적절하게 해결되도록 지도하였는가?					
10	영・유아의 개별적 특성, 개인차를 고려하여 지도하였는가?					
11	영・유아를 존중하는 언어를 사용하고, 영・유아가 잘 알아들을 수 있도록 어휘, 발음, 음성의 고저, 빠르기 등에 노력을 기울였는가?					
12	보육 실습 일지의 내용과 평가 등을 성실히 기록하였는가?					
13	영・유아의 안전, 위생, 건강에 각별히 신경을 썼는가?					
14	영・유아의 낮잠, 간식, 점심, 배변 활동, 이 닦기, 손 닦기, 옷 입기 등 일상생활이 영・유아 스스로 즐겁게 할 수 있도록 지도하였는가?					
15	보육실의 통풍, 채광, 정리정돈 등 청결한 환경을 위해 노력하였는가?					
16	보육 실습 기관이 지도 방침에 적극 협력하였는가?					
17	보육 실습 지도교사와의 관계를 원만히 유지하며 성실히 임했는가?					
18	보육 실습 동료들과 잘 협력하였는가?					
19	영・유아의 수준과 흥미에 적합한 활동을 계획하고 다양한 행동을 적절히 지도하고자 관련 문헌이나 전문 서적을 찾아보고자 노력하였는가?					
20	실습 기간을 통해 보육 교사로서의 전문성이 스스로 향상되었다고 여겨지는가?					
합 계						

⑰ 보육 실습 확인서 양식(2013. 3. 1. 이후)

보 육 실 습 확 인 서

1. 실습 이수자 기본 사항

이 름	주민등록번호	양성 교육기관명

2. 실습 기관

실습 기관명		실습 기관 보육 정원	
기관 종류		최초 인가일	
주소			
연락처			

3. 실습 지도교사

이 름	자격 종류	자격 번호

4. 실습 기간

실습 기간	년 월 일 ~ 년 월 일(주간)
실습 시간	총 시간(매주 요일 ~ 요일까지, 오전 시 ~ 오후 시)

위 사람은 영·유아 보육법 시행규칙 제12조제1항에 의한 보육 실습을 충실히 이수하였음을 확인합니다.

년 월 일

어린이집 원장 (서명 또는 인)
학과장 (서명 또는 인)

※ 첨부서류
1. 실습 기관 시설인가증 사본 1부 2. 보육 실습 지도교사 자격증 사본 1부

※ 「어린이집지원시스템」을 통하여 보육 실습확인서를 출력한 경우 첨부서류를 제출하지 않아도 됨(단, 유치원은 양성 교육기관에서 양식 제공)

※ 기관 종류 : 어린이집, 교육과정과 방과 후 과정을 운영하는 유치원 중 선택
자격 종류 : 보육 교사 1급, 유치원 정교사 1급 중 선택

⑱ 양성 기관용 보육 실습생 기록 대장 예시

<table>
<tr><th rowspan="2">번호</th><th rowspan="2">보육
실습생
성명
(학번)</th><th rowspan="2">보육
실습
기간</th><th colspan="2">보육
실습양성기관명/연락처</th><th rowspan="2">보육
실습
지도
교사명
(소지
자격증)</th><th>학년</th><th>보육 실습생
주민등록번호</th><th rowspan="2">보육
실습생
연락처</th><th rowspan="2">보육
실습
점수</th><th rowspan="2">비고</th></tr>
<tr><th colspan="2">보육 실습 양성기관 주소</th><th colspan="2">보육 실습생 집주소</th></tr>
<tr><td rowspan="2">1</td><td rowspan="2"></td><td rowspan="2"></td><td>○○○
대학교</td><td>○○○-
○○○-
○○○</td><td rowspan="2"></td><td rowspan="2"></td><td rowspan="2"></td><td rowspan="2"></td><td rowspan="2">80/100</td><td rowspan="2"></td></tr>
<tr><td colspan="2">주소 :</td></tr>
<tr><td rowspan="2">2</td><td rowspan="2"></td><td rowspan="2"></td><td></td><td></td><td rowspan="2"></td><td rowspan="2"></td><td rowspan="2"></td><td rowspan="2"></td><td rowspan="2"></td><td rowspan="2"></td></tr>
<tr><td colspan="2">주소 :</td></tr>
<tr><td rowspan="2">3</td><td rowspan="2"></td><td rowspan="2"></td><td></td><td></td><td rowspan="2"></td><td rowspan="2"></td><td rowspan="2"></td><td rowspan="2"></td><td rowspan="2"></td><td rowspan="2"></td></tr>
<tr><td colspan="2">주소 :</td></tr>
<tr><td rowspan="2">4</td><td rowspan="2"></td><td rowspan="2"></td><td></td><td></td><td rowspan="2"></td><td rowspan="2"></td><td rowspan="2"></td><td rowspan="2"></td><td rowspan="2"></td><td rowspan="2"></td></tr>
<tr><td colspan="2">주소 :</td></tr>
<tr><td rowspan="2">5</td><td rowspan="2"></td><td rowspan="2"></td><td></td><td></td><td rowspan="2"></td><td rowspan="2"></td><td rowspan="2"></td><td rowspan="2"></td><td rowspan="2"></td><td rowspan="2"></td></tr>
<tr><td colspan="2">주소 :</td></tr>
</table>

⑲ 보육 교사 자격증 발급 신청서 양식

사진① (3×4cm)	**보육 교사 자격증 발급 신청서**	처리기간 14일

	①신 청 등 급			급	
신청인	②성 명		③주민등록번호		
	④주 소 (자격증수령지)		⑤연 락 처	전 화 :	
				휴대폰 :	
				e-mail :	

⑥ 학력	입학(년월일)	졸업(년월일)	학교명	전공 또는 부전공학과목	학위등록번호

⑦ 교육훈련 시설	부터(년월일)	까지(년월일)	교육훈련 시설명	수료증번호

⑧ 근무 경력	현근무시설명		어린이집(해당 시 · 군 · 구 :)	
	부터(년월일)	까지(년월일)	근무시설명	자격구분(등급)

⑨ 보수 교육	부터(년월일)	까지(년월일)	교육훈련기관	교육훈련내용(직무, 승급교육)

「영 · 유아 보육법」 제22조 및 「영 · 유아 보육법 시행규칙」 제18조제1항의 규정에 의하여 위와 같이 보육 교사 자격증 발급을 신청합니다.

년 월 일

신청인 (서명 또는 인)

사진② 자격증부착용사진을 여기에 부착해주시기 바랍니다(3cm×4cm 반명함판)
수 수 료
10,000원

※ 작성시 유의 사항

1. 공통서류 : 자격증 발급신청서, 사진(3cm×4cm 반명함판) 2매
2. 기준별 구비서류는 홈페이지 자격검정기준 참조(www.ctcm.or.kr)
3. 현 근무 시설명에는 해당시설의 지역을 표기(시 · 군 · 구 표기)
4. ⑥의 학력 사항은 자격 취득에 관련된 학교를 기재(고등학교 학력 이상)
5. ⑦의 교육 훈련 시설은 보육 교사 교육원의 보육 교사 양성 과정을 기재
6. ⑥, ⑦, ⑧, ⑨의 내용은 제출 서류를 중심으로 기재
7. 접수된 서류는 일체 반환하지 않습니다.
8. 처리 기간은 접수 서류에 따라 발급 기간이 지연될 수 있습니다.

⑳ 보육 실습 결과 보고서(보육 실습 이수증명서)

보육 실습 결과 보고서
(보육 실습 이수증명서)

1. 보육 실습생 성명 :
2. 생 년 월 일 : 년 월 일
3. 보 육 실습 기관 :
4. 보 육 실습기간 : (1) 20 년 월 일 ~ 20 년 월 일까지(주간)
   (2) 20 년 월 일 ~ 20 년 월 일까지(주간)
5. 실 습 내 용

1주	2주	3주	4주	5주	6주

6. 보육 실습 평가

근무태도와 자질 (20점)	보육 활동 계획과 실행 (30점)	보육 실습생으로서 역할 수행 (30점)	보육 실습 일지 작성 (10점)	총평 (10점)	총점 (100점)

20 년 월 일

____________ 어린이집 원장 (직인)

부록 2

보육 실습 중간 관리 및 평가와 사후 관리

(한국보육진흥원-양성 교육기관에서의 보육 실습 지도 지침)

1. 중간 관리 및 평가

보육 실습의 성공적인 운영을 위해 「최종 평가의 과정」을 세밀하게 준비한다.

(목적과 목표 설정 → 계획과 운영 → 평가)

평가란 학생들이 보육 실습 기관에서 습득한 지식, 기술, 태도를 보육 현장에 얼마나 적용할 수 있는지 객관적으로 파악하기 위한 활동이다.

이러한 평가는 다음과 같은 목적하에 수행한다.

① 학생들 스스로 보육 교사에 대한 기본 자질과 역할을 미리 확인하는 기회를 제공하고,

② 영・유아 보육의 역량 증진을 도모한다.

좋은 평가가 되기 위해 양성관에서 해야 할 일은 다음과 같다.

① 담당 교수는 보육 현장을 방문하여 실습 지도 및 관리하며,

② 학생들은 반성적인 사고를 통해 성공적이고 효과적인 보육 실습을 수행한다.

보육 실습 평가 시 준비 사항은 다음 표와 같다.

구분	교수 및 양성 교육기관	학생
내용	• 보육 실습 기관과의 유기적 협조 • 보육 실습 기관 공문 제출 • 보육 실습 서류 목록 제공 • 보육 실습 일지 양식 개발 • 실습 평가회의 개최 및 주도 • 보육 실습 기관 방문 • 보육 실습 기관 원장과의 협의 • 보육 실습 기관 방문 결과 보고서 작성	• 보육 실습 일지 작성과 제출 • 보육 활동 계획안 작성 • 실습 지도교사의 피드백 수렴 • 실습 평가회의 참석 • 실습 지도교사의 지속적 협의 • 실습 전반에 대한 반성적 사고
서류 준비물	• 보육 실습 일지 양식 • 보육 실습 요청 공문 • 보육 실습 평가서 • 보육 실습 기관 방문 계획서 • 보육 실습 기관 방문 결과 보고서	• 보육 실습 일지와 활동 계획안 • 보육 실습 자기평가표

보육 실습에서 평가의 기능은 다음과 같다.

① 실습 담당 교수의 입장 : 실습생으로써 학생의 보육 실습의 수행 정도를 파악하는 기능

② 학생에게는 보육 교사의 전문성 확보를 위해 필수적으로 이수해야 하는 교과인 동시에 자신의 보육 역량에 대한 이해를 높이는 자기평가의 기능

1) 보육 실습 평가의 목적 및 목표

(1) 보육 실습 평가의 목적

① 이론과 실습을 겸비하여 영 · 유아에 대한 심화된 이해를 돕는다.

② 보육 실습의 진행 정도를 파악하여 실습의 질을 진단한다.

③ 실습생의 보육 역량을 강화하여 전문성을 확보한다.

④ 예비 보육 교사의 발달 과정을 이해하며 반성적 사고를 촉진한다.

⑤ 보육 교사의 역할 수행에 대해 긍정적 태도를 기른다.

(2) 보육 실습 평가의 목표

① 보육 실습의 목표 달성 여부를 확인한다.

② 보육 실습생의 보육 실습 성취도를 구체화한다.

③ 실습생에게 보육 교사로서의 향후 진로에 도움을 준다.

④ 실습생에게 보육 교사로서의 역량 여부에 대한 자기 이해를 돕는다.

⑤ 보육 실습 결과를 확인하여 보완점을 파악한다.

⑥ 국가 자격증 부여의 조건인 학과목 이수 인정의 근거 자료가 된다.

2) 담당 교수의 보육 실습 기관 방문 : 보육 실습 기관 원장과의 협의

① 담당 교수는 학생과의 협의 하에 보육 실습 기관을 선정할 때부터 문서나 전화를 이용하여 실습 기관과의 교류를 시작한다.
지도 학생의 보육 실습 기간에 실습 기관 방문 → 양성 교육기관의 운영 특성, 실습생의 학문적 배경, 보육 실습 준비 상태 등을 알린다.

② 원장과 지도교사는 보육 실습 진행 상황을 해당 교수에게 전달
담당 교수의 보육 실습 기관 방문(전화 방문 대체 가능)은 중간 관리 및 평가, 사후 관리 면에서 매우 중요하다.

담당 교수가 보육 실습 기관 방문 전 유의할 사항

방문 전

- 방문 지도가 어렵다면 전화, 온라인 등으로 사전 양해를 구하고 정보 교류한다.
- 방문 일정을 미리 세워 구체적인 계획을 수립한다.
- 방문할 보육 실습 기관과 전화로 연락하여 협의 하에 방문 일시를 정한다.
- 지도 교수와 보육 실습 기관의 유기적 협조를 위해 관리 차원에서 지속적으로 연락한다.

방문 중(보육 실습 기관 방문 시 파악할 내용)

- 담당하는 학생의 보육 실습 진행 여부를 세밀히 관찰한다.
- 실습생으로서 역할을 경험하는 학생에게 심리적·정서적 지원을 한다.
- 보육 실습 기관의 원장, 실습 지도교사와 학생의 보육 실습 수행에 관해 협의한다.
- 학생의 보육 실습 실태와 현황, 원장과 지도교사가 느끼는 지도상의 어려움을 경청한다.
- 양성 교육기관과 보육 실습 기관 간 지속적인 협력 관계를 유지한다.
- 담당 학생이 실습생으로서 겪은 실습 시의 어려운 점을 경청한다.
- 보육 실습 기관의 협조 정도와 기관의 인적·물리적 환경을 파악한다.
- 보육 실습 지도에 적합한 시설 규모와 운영 특성을 갖추었는지 확인한다.

방문 후(보육 실습 기관 방문 후 결과 보고서 작성)

- 기관에 대한 인상과 느낌을 기록한다.
- 방문 소감을 기록한다.
- 실습 지도교사나 원장과의 면담 내용을 기록한다.
- 실습생의 보육 실습 과정 및 참여 태도를 기록한다.
- 보육 실습 조건의 적합성을 기록한다.
- 어린이집 요구 사항을 기록한다.
- 취업 상담 내용을 기록한다.

※ 방문 결과 보고서 양식(표에 첨부)

3) 실습생의 자기평가

실습생이 평가의 주체가 되어 스스로 자신을 평가해볼 수 있는 기회를 가질 수 있다.

① 보육 실습의 과정과 결과에 기초한 객관적 평가

② 보육 교사로서 특별히 요구되는 태도, 자질, 역할, 능력 면에서 자신을 파악하기

실습생이 가져야 하는 자세

① 자신의 역량을 발견하는 데 도움을 주는 중요한 계기로 삼는다.

② 항상 연구하는 자세로 실습에 임한다.

③ 실습 완료 단계 시 스스로 평가하고 진단하는 시간을 가진다.

→ 추후 자신에게 부족한 점을 향상시킨다.

→ 실습 경험을 추가하여 성공적인 보육 교사로서의 진로에 한걸음 더 다가갈 수 있다.

보육 실습생의 자기평가 방법

① 보육 실습 종료 후 보육 실습 소감을 기록한다.

② 보육 일지상에서 매일의 자기평가표를 작성한다.

③ 보육 실습 자기평가를 실시한다(표에 첨부).

4) 실습 평가회

① 보육 실습에 대한 구체적이고 실질적인 문제점을 찾는다.

② 보육 실습을 개선하는 방안을 모색한다.

실습 평가회 진행 시 학생이 주의할 점

① 보육 실습 시 보육 실습 기관이나 실습 지도교사의 잘못된 점을 논의하는 시간이 아님을 염두에 두고, 현장에서 이론을 접목한 점, 지도교사의 적절한 조언이나 평가, 현장에서 배울 점 등에 대해 실습생으로서의 자신을 평가한다.

② 어떤 지속적인 개선 노력을 통해 보육 교사로서의 전문성을 확보할 수 있는지 다각적인 해결 방안에 중점을 두고 다른 학생과 의견을 나눈다.

③ 6주 동안 진행된 보육 실습의 내용에 중점을 두어 예비 교사로서 성장할 수 있는 자신의 장점과 감정을 평가한다.

④ 영·유아를 상세히 관찰하고 직접 지도한 보육 활동의 경험을 바탕으로 자신의 지도법을 회상하여 다른 학생들과 비교한다.

⑤ 동료 학생들의 실습 일지를 서로 나누어 읽고 서로에게 조언을 주는 상호 보완적 평가의 시간을 가진다.

⑥ 실습에서 드러난 문제에 대해서는 개인적이나 지도교사와의 관계 차원에서 그 문제의 원인을 찾기보다는 다각적인 차원에서 원인과 해결책을 찾아본다.

평가회에서 논의할 사항

- 실습 기관의 환경과 시설 특성
- 보육 실습 전·후의 변화
- 보육 로그램 운영의 특성
- 보육 실습 운영
- 보육 실습 시 어려웠던 점
- 원장과 실습 지도교사와의 인간관계
- 보육 실습 일지 작성
- 동료 실습생과의 관계

➤

① 보육 실습에 대한 구체적이고 실질적인 문제점 찾기
② 보육 실습을 개선하는 방안 모색하기
(이때 실습생을 지도하였던 교사나 원장을 초대하여 보육 실습 기관의 측면에서 바라본 실습 평가 내용을 들을 기회를 가질 것)

5) 양성 교육기관에서의 평가

보육 실습 기관과 동일한 평가 기준 사용 가능
그러나 다양한 평가 도구나 준거를 활용한 종합적인 평가 실시 필요

평가 내용

- 보육 실습 기관에서 송부된 보육 실습 평가서(부록 – 표)
- 작성이 완료된 보육 실습 일지
- 보육 실습생이 제출한 각종 자료(포트폴리오, 사진 자료, 보육 계획안 등)
- 보육 실습 자기평가표(부록 – 표)
- 지도 교수와의 면담
- 실습 평가회 참여도

평가 방법

보육 실습 기관 자료	실습생 자료
• 보육 실습 평가서 • 원장과의 면담 자료 • 실습 기관의 현황과 실태	• 실습생의 관찰 기록 • 보육 실습 일지 • 보육 활동 계획안 • 교구 제작 계획안 • 사진

자료에 근거하여 종합적인 평가
(※보육 실습 평가서는 학생들과 함께 공유하여 영역별로 자신이 예상하는 실습 평가 정도와 지도교사가 평가한 내용을 비교하여 보육 실습의 수행 정도를 구체적으로 파악)

2. 보육 실습 사후 관리

보육 실습 사후 관리란 보육 실습 관련 자료 보관 및 자격증 신청 방법 등에 대한 관리를 말한다.

일반적으로 평가를 보육 실습의 마지막 단계라고 하지만, 평가는 보육 실습의 목적과 목표, 보육 실습의 계획과 운영, 보육 실습 단계마다 이루어진다.

보육 교사 양성 교육기관은 보육 실습과 관련된 세부 사항을 보육 실습 기록 대장에 정확히 기록하여 영구 보존한다. 이때 보육 실습 기록 대장에는 보육 실습생의 개인정보가 수록되므로 보관에 주의한다.

1) 보육 실습 관련 자료 보관

① 실습 기록 대장 : 영구 보존한다.

② 보육 실습 확인서 사본, 보육 실습 기관 방문 결과 보고서, 보육 실습 평가서, 보육 실습비 영수증, 보육 실습 동의서, 보육 실습 지도교사 자격증 사본, 보육 실습 기관 인가증 사본 또는 위탁 계약서 사본(보육 실습 당시 계약 일시가 명시된 위탁 계약 증서) : 연도별로 5년 동안 보관한다.

2) 보육 실습 기록 대장

보육 교사 양성 교육기관은 보육 실습과 관련된 세부 사항을 보육 실습생 기록 대장에 정확히 기록하여 영구 보존한다.

특히, 보육 실습생의 개인 정보가 수록되므로 특별히 유의하여 보관한다.

참고문헌

문혁준 · 백혜리 · 김정희 · 김혜연 · 김민희(2015). 보육실습. 창지사

박낭자 · 백미열 · 윤경희 · 이정란 · 정수미 · 조인숙 · 조혜경 · 최경애 · 황혜경(2007). 보육실습의 이해. 창지사

이명희 · 정은정 · 최인숙(2006). 아동영양학. 형설출판사

이소희 · 이숙희 · 이정혜 · 장명림 · 도미향(2006). 보육실습. 양서원

중앙보육정보센터(2006). 2007년 평가인증조력프로그램. 영역5-건강과 영양. 21인 이상

______________(2012). 2012년 어린이집 평가인증안내

한국영양학회(2005). 한국인 영양섭취기준

서울시육아종합지원센터(http://seoul.childcare.go.kr)

저자소개

■ 김예림

아동·청소년의 뇌 발달 연구와 인성 증진에 관심이 많다. 과학영재들과 일반 학생 간의 두뇌 활용의 차이를 fMRI(기능성 핵자기공명단층촬영장치)로 연구해 박사학위를 받았다. 과학영재와 일반 학생 간 뇌 활용, 학교 생활 등의 차이를 연구한 다수의 논문을 발표했다. 군 장병을 대상으로 한 지식봉사, '인성특강'을 대대적으로 펼치고 있다.

- 동덕여자대학교 아동학 박사
- 서정대학교 아동청소년보육과 학부장(현)
  학교·기업 한국영재아카데미(주) 연구소장 겸 공동 설립자(현)

〈저서〉 한국영재아카데미 강의록-1, 감성영재지도사 양성특강
한국영재아카데미 강의록-2, 방과후프로그램지도사 양성특강

보육 실습의 이론 및 실제

초판 1쇄 발행 / 2016년 12월 20일
초판 2쇄 발행 / 2018년 08월 30일

●

저 자 / 김 예 림
발행인 / 이 중 수
발행처 / **동 문 사**

●

서울특별시 서대문구 홍제원 1길 12
(홍제동 137-8)
Tel: 02)736-3718(대), 736-3710, 3720
Fax: 02)736-3719
등록번호: 제9-17호
가격: 12,000원

●

ISBN: 978-89-8251-874-4(93370)
E-mail: dong736@naver.com
www.dongmunsa.com